Robert Heiligbrodt

Fragment de Gormund et Isembard

Text nebst Einleitung, Anmerkungen und vollständigem Wortindex

Robert Heiligbrodt

Fragment de Gormund et Isembard
Text nebst Einleitung, Anmerkungen und vollständigem Wortindex

ISBN/EAN: 9783743424487

Hergestellt in Europa, USA, Kanada, Australien, Japan

Cover: Foto ©ninafisch / pixelio.de

Manufactured and distributed by brebook publishing software (www.brebook.com)

Robert Heiligbrodt

Fragment de Gormund et Isembard

Fragment de Gormund et Isembard.

Text nebst Einleitung, Anmerkungen und vollständigem Wortindex.

Von Robert Heiligbrodt.

Einleitung.[1])

I. Litterarische Bemerkungen.

A. Manuscript. Nur eine Handschrift hat uns den Text des „Gormund et Isembard" erhalten; leider aber ist auch diese nur ein Fragment. Sie wurde von de Ram auf einem alten Einbande entdeckt und alsdann von Baron v. Reiffenberg, dem Ersterer das Original überlassen, in seiner Ausgabe der „Chronique de Phil. Mouskes Brux. 1838 t. II. Introduction p. X—XXXII" unter dem Titel „Mort du roi Gormond" veröffentlicht. Seitdem ist sie verschwunden gewesen; was wir daher davon wussten, beschränkte sich auf die Angabe dieses Herausgebers [l. c. p. IX.]; spätere Beschreibungen des Ms., wie z. B. die von Diez Altrom. Sprd. S. 111, gingen natürlich auf diese zurück.

„*Ce sont deux feuilles de parchemin, dont l'une a été mutilée par le haut. L'écriture, à deux colonnes est du XIII*[2]*) ou de la fin du XII*[e] *siècle*": das ist Alles, was wir von Reiffenberg zur genaueren Characterisirung des Ms. erfahren. Erst im Jahre 1876 sollte das Manuscript wieder zum Vorschein kommen; es wurde von A. Scheler

---

[1]) R. = Reiffenberg's Ausgabe.
Ms. = Scheler's Abdruck des Ms.
S. = Scheler's Conjecturen in den Noten.
P. = G. Paris' Recension von S., Romania 1876, p. 376 s.
F. = W. Förster's Recension von S., Jenaer Literaturzeitung 1876 No. 35, S. 557 f.

[2]) Der vollständige Abfall des auslautenden t, hauptsächlich in der 3. Pers. Sg. Praes. der I. Conj. und der 3. Pers. Sg. Perf. und den Ptcc., scheint mir darauf hinzudeuten, dass der Schreiber eher dem XIII. als dem XII. Jahrh. angehörte.

in Brüssel unter Papieren, welche die Kgl. Bibliothek daselbst aus der Sammlung von de Ram erworben hatte, aufgefunden und nun im selbigen Jahre von Neuem veröffentlicht im *Bibliophile Belge t. X*, und als Separatabdruck unter dem Titel „*La Mort du Roi Gormond, fragment unique d'une chanson de geste inconnue, conservé à la Bibliothèque Royale de Belgique réédité littéralement sur l'original et annoté par Auguste Scheler, Bruxelles, Olivier 1876. 8°. 54 p.*" Scheler p. 9 beschreibt das Ms. wie folgt: *Le manuscrit consiste en deux feuilles pet. in-4° dont l'une s'enchâsse dans l'autre, de manière à donner huit pages ou 16 colonnes (de 42 lignes) sans interruption. La division des tirades est indiquée par de grandes initiales vertes ou rouges. La marge supérieure de la première de nos feuilles a subi une mutilation par les ciseaux du relieur; cette mutilation a fait disparaître le premier vers de nos col. 1. 2. 3. 4. 13. 14. 15. 16, soit nos vers 1. 43. 85. 127. 494. 536. 578 et 620* und pag. 8: „*L'âge de l'écriture me semble devoir être considérablement avancé sur celui que lui assigne M. de Reiffenberg.*" Ebenso setzen F. u. P. dieselbe nach dem von Scheler beigegebenen Facsimile in die Mitte des XIII. Jahrh.

B. Titel des Ms. Da das Ms. ohne Angabe des Titels ist, so entsteht die Frage, wie wir dasselbe benennen sollen. R. (l. c. p. X) nennt es „*Mort du roi Gormond*", aber schon p. CCCXXIII lässt er vermuthen, dass „*Gormont et Isembart*" nach seiner Meinung der bessere Titel sei. Unter diesem Titel finden wir es denn auch gewöhnlich citirt, so „*Gormond et Isembart*" bei G. Paris, Hist. poét. de Charl. 1865, p. 400. Weniger richtig, wenn wir auf die Entwicklung der Ereignisse in dem Denkmal sehen, scheint die Bezeichnung von Ideler (Gesch. der altfrz. Nationallit. 1842, S. 131) „*Aventures d'Isambart et Gormont*" und die von P. Meyer (Mém. de l. Soc. d. ling. I 1868, p. 260) „*Isembart et Gormont*". Der allein berechtigte Titel für das uns erhaltene Bruchstück ist „*Gormond et Isembart*" oder nach meiner Schreibung „*Gormund et Isembard*"; denn dieses behandelt die Kämpfe und den Tod des Gormond durch den westfränkischen König Ludwig III., Sohn Ludwigs des Stammlers, greift aber noch darüber hinaus und schildert die darauf folgende Niederlage des Heeres unter der Führung Isembard's, des Schwiegersohnes Gormond's, eines fränkischen Edlen.

C. Gormond und Isembard in der Geschichte und insbesondere in den latein. mittelalterlichen Chroniken. Den geschichtlichen Hintergrund genau zu untersuchen, liegt nicht in meiner Absicht; darüber findet sich Genaueres in *Denkmäler deutscher Poesie u. Prosa, herausg. v. Müllenhoff u. Scherer* (Anm. Dümmler's zum Ludwigsliede)

S. *302 f.* und bei *San Marte* in seiner Ausg. von *Gottfr. v. Monmouth Hist. regum Britanniae S. 439—443.*

Besonders interessant für unser Denkmal ist das Chronicon Centulense[1]) III, 20, wo sich die in unserem Denkmal behandelte Sage am vollständigsten findet. Ich theile die betreffende Stelle wegen ihrer grossen Wichtigkeit für dasselbe hier nochmals mit und zwar vollständiger, als dies bisher[2]) geschehen ist; auf Einzelnes daraus komme ich noch weiter unten mehrmals zurück. Sie lautet im Recueil des historiens des Gaules et de la France VIII p. 273 B—E: „*Post mortem Hludogvici, filii ejus Hludogvicus et Karlomannus regnum inter se dispertiunt. His ergo regnantibus, contigit Dei judicio innumerabilem barbarorum multitudinem limites Franciae pervadere, agente id rege eorum Guaramundo, qui multis, ut fertur, regnis suo dirissimo imperio subactis, etiam Franciae voluit dominari, persuadente id fieri Esimbardo Francigena nobili, qui regis Hludogvici animos offenderat, quique genitalis soli proditor, gentium barbariem nostros fines visere hortabatur. Sed quia quomodo sit factum non solum historiis, sed etiam patriensium memoria quotidie recolitur et cantatur, nos* [nicht *non*, wie Elnonensia, 2ᵉ éd. p. 26 sich findet] *pauca memorantes, cetera omittamus, ut qui cuncta nosse anhelat, non nostro scripto, sed priscorum auctoritate doceatur. Cum populi supervenientes nostris finibus primum appulissent, exeuntes de navibus Vimmacum* [= Vimeu] *et Pontivum* [= Ponthieu] *provincias lustrarunt, ecclesias straverunt, christianos jugulaverunt, et omnia mortibus et sanguine repleverunt. Denique ecclesiam splendidissimam B. Richarii* [= Saint-Riquier en Ponthieu], *quae pro sua magnitudine vel firmitate dejici non poterat, admoto igne succenderunt, sublatis prius omnibus, quae discedentibus fratribus remanserunt ecclesiae. — Praedictus ergo Hludogvicus rex in*

---

[1]) Das Chronicon Centulense [Centulum = Saint-Riquier en Ponthieu] wurde im J. 1088 von Hariulf abgeschlossen. Doch ist damit nicht gesagt, dass dieser auch der Verfasser unserer Stelle ist; wie aus seiner eigenen Erklärung hervorgeht, hat er die Chronik nicht allein verfasst. Er sagt nämlich (s. Elnonensia 2ᵉ éd. p. 27): „Ego frater Hariulfus, monasterii beati Richarii humilis monachus, hoc de sancti loci nostri nobilitate vel utilitatibus a Domno Saxowalo ante plures annos inchoatum opus Deo auxiliante perficiens, obsecro omnes . . . ut haec . . . qualicunque modo deperire non permittant. Completum est autem istum opus humanitatis filii Dei anno MLXXXVIII."

[2]) Elnonensia p. p. Hoffmann de Fallersleben 1837, S. 19. — Philippe Mousket II p. 741. — Elnonensia, Monuments de la langue romane et de la langue tudesque p. p. Hoffmann de Fallersleben et J. F. Willems 2ᵉ éd. Gand 1845. p. 25 ss.

pago Vimmaco cum eisdem gentibus bellum gerens, triumphum adeptus est, interfecto eorum rege Guaramundo. Et caesis millibus [Nach den Annales Fuldenses (Recueil des hist. des Gaules et de la France VIII p. 40D) waren es 9000.] *populi infidelis, ceteri fugati sunt. Dicitur autem quod in ipso congressu prae nimio feriendi conamine sua interiora ruperit, ac deinde mortuus est."*

Beinahe ebenso ausführlich — nur darf man auch sie, ebensowenig wie das *Chron. Centulense*, nicht als rein historische Quelle ansehen — bietet unsere Sage Chron. Alberici Trium Fontium im *Recueil des hist. des Gaules et de la France IX p. 58 A—C* und *Pertz, Monumenta Germaniae XXIII p. 743, 51—744, 13* [1]). Sie lautet, wie folgt: „*Sed ut fertur, Ysembardus juvenis egregiae probitatis et militiae, nepos ejus* [sc. Ludovici, der hier fälschlich Nichilfecit genannt wird; es muss Ludovicus Balbus sein], *fuit occasio, per quam ante meridiem aetatis et magnificentiae suae vitae est subire coactus occasum. Hic enim cum per adulatorum iniqua consilia regis avunculi, quam non meruerat, incurrisset offensam, non jure, sed per injuriam regno pulsus et ad regem Guormundum* [Recueil l. c. *Gnormundum*, Scheffer-Boichorst *Gvormundum*], *quando* [Recueil: *cum*] *adhuc erat paganus, fugere compulsus, tam arcto familiaritatis et amicitiae vinculo colligatus est ei, quod ob ejus dilectionem ad ultionem de avunculo reposcendam cum innumerabilibus armatorum milibus conjunctisque sibi Normannis et Danis adhuc gentilibus depopulatus Angliam, transfretavit in Franciam et devastavit adjacentem mari Britannico regionem ibique cum multis aliis Centulum regium vicum et antiquum ac nobile monasterium sancti Richarii concremavit. Quo comperto rex Franciae magnanimus Ludovicus cum armipotenti virtute Francorum haud segnitur occurrit furentibus impiis et concurrit, magnam eorum multitudinem abrasit, ceteros fugere compulit. In quo conflictu, quia rotando fulmineos ictus graviter est afflictus per nimium laborem, vigorem perdidit et incidit in languorem, quo quasi fructus in novitate a vita est praeruptus."*

Vgl. ausser den soeben angeführten zwei Chroniken Pertz, Monumenta Germaniae I 444 [2]) [*nicht 464, wie Reiffenberg, Mousket II, p. 8, und danach Ideler, Gesch. der altfrz. Nationallit. S. 131 angeben. — Prudentii Trecensis Annales zum J. 850]*, II 303 [2]) *[Fragmentum Chron. Fontanellensis z. J. 849]*, II 613—615 [2]) *[Vita Hludogvici Imp. z. J. 809—810]*, II 752 [2]) *[Monachi Sangallensis de gestis*

---

[1]) *in* Chronica Alberici Monachi Trium Fontium a Monacho Novi Monasterii Hoiensis interpolata ed. P. Scheffer-Boichorst.

[2]) s. Reiffenberg, Mousk. II. p. VIII—IX.

Karoli Imperatoris Libri duo], XXIII 744, 13 *[siehe vorige Seite Anm. 1]* und Mone, Anzeiger für Kunde der deutschen Vorzeit 1835 1835 [nicht 1825, wie Reiffenberg und Ideler angeben], S. 347, ferner Chroniques anglo-normandes p. p. Michel 1840 III p. XIII ss. und Raoul de Cambrai p. p. Éd. Le Glay 1840 p. 339 (s. v. Aalis). Die Schlacht, welche Gormond und Isembard dem Ludwig lieferten, war die bei Saucourt in Vimeu (etwa auf halbem Wege zwischen Eu und Abbeville), in der Ludwig III, Sohn Ludwigs des Stammlers, im Jahre 881 die Normannen besiegte. *[Über die Schlacht bei Saucourt s. Depping, Hist. des expéd. maritimes des Normands 1826, I p. 232. 233. 236 u. die oben S. 502 angeführte Bemerkung Dümmlers.]* Doch, wie schon aus S. 504 f. ersichtlich ist, das Eindringen Gormonds und Isembards in Vimeu und Ponthieu wurde bald in die Regierungszeit eines anderen Ludwig gesetzt. Solche Anachronismen sind besonders häufig in den Epen des karlingischen Sagenkreises.

D. Anspielungen auf Gormund und Isembard als epische Helden. Für die dichterische Behandlung der Thaten Gormond's und Isembard's sprechen verschiedene Stellen, hauptsächlich bei den Troubadours. Ich erlaube mir dieselben hier mitzutheilen, indem ich die Angaben Reiffenberg's (Phil. Mousket II, VII) dabei vervollständige, da es mir möglich war, einige Texte, die erst später publizirt sind, noch einzusehen.

Peire Cardenal spielt in „Per fols"[1]) auf sie an, indem er sagt:
Anc Carles Martel ni Girartz
ni Marsilis ni Aigolans
ni 1 rey Gormons ni Yzembartz[2])
non aucizeron homes tans[1]).

Guiraut de Cabreira nennt in seinem für den Spielmann Cabra verfassten Enseignamen[3]) „Cabra juglar"[4]) Esimbart[5]) uud Guormon:

---

[1]) Raynouard, Choix des poésies originales des troubadours, Paris 1816, II. p. 297. — Mahn, Werke der Troubad., 1855, II. S. 194 f. Vgl. Bartsch, Grundr. der Gesch. der prov. Lit., 1872, S. 169, Nr. 40.

[2]) Mahn hat Yzombartz (sic!).

[3]) Enseignamens sind Unterweisungen, die verschiedene Troubadours für Jongleurs schrieben; sie bezeichnen darin die Kenntniss der Hauptromane für sie als unumgänglich nothwendig und geben daher lange Aufzählungen der in den Romanen gefeierten Helden. (So etwa Raynouard Choix II. p. 295.)

[4]) Mahn, Gedichte, III., MXXXII, S. 213. — Bartsch, Denkmäler der prov. Lit. 91—92, s. Bartsch, Grundriss § 83, Anm. 5. — Raynouard, Choix, II. 295, nennt nur die Namen, ebenso Reiffenberg.

[5]) nicht blos Isembert, wie Reiffenberg sagt, mit ausdrücklich hinzugefügtem sic.

>   ni d'Esimbart
>   ni de Sicart
>   ni d'Alberic lo Borguognon
>   ni de Bernart
>   ni de Girart
>   de Viviana ni de Bovon
>   ni de Jausbert
>   non sabes cert
>   ni de Folquier ni de Guion
>   ni de Guormon
>   qui tot lo mon
>   cuidava conqerre per son.

Ferner führt Bertran de Paris de Roergue[1]) in seinem für den Spielmann Guordo bestimmten Enseignamen „Guordo"[2]) unter einer Reihe von Romanhelden auch Gormon und Izambart[3]) auf:

> Ni non sabetz novas del rey Gormon
> ni del cosselh qu'Izambart det sul pon.[4])

Nur Izembart finde ich in einer ähnlichen Aufzählung erwähnt im Richars li Biaus (ed. W. Förster, Wien 1874), wo der Dichter am Anfange des Gedichtes eine Reihe von Helden aufführt, die alle geringer seien als der, den er besingen wolle. Es heisst daselbst 23 ff.:

> ne d'Izembart ne de Guillaume
> qui tant paiien fri sur hyaume
> ne d'Aimmery le sien chier pere,
> d'Orson ne d'Ughe son compere,
> de Parise ne d'Ughechon
> ne de dame Aye d'Avignon —
> tout chil que je vous ai conte
> n'ont de valour ne de bonte
> vaillant ·II· nois enviers chestui
> dont vous m'orres conter ancui.

Aus den eben angeführten Stellen geht nur soviel hervor, dass Gormond und Isembard bekannte epische Helden waren. Doch lässt sich daraus nicht mit Sicherheit der Titel des Gedichts erkennen, in dem sie gefeiert waren. Dies dürfte um so deutlicher sein, wenn man noch weitere Stellen in's Auge fasst. Ich führe zunächst aus Tirade CXCIII. der Chanson des Saxons von Jean Bodel (publ. par Michel, Paris 1839, t. II. p. 75) folgende Verse an:

---

[1]) s. Bartsch, Grundr. z. Gesch. d. prov. Lit., S. 51.
[2]) Bartsch, Denkmäler der provenzalischen Litteratur (Bibl. d. Litt. Ver. XXXIX), Stuttgart 1856, p. 85 ff.
[3]) Raynouard, Choix II. 295, sowie Reiffenberg führen nur die Namen an.
[4]) Bartsch, Denkmäler, S. 87, 15—16.

„Vois [sic!] est que molt morut de gent an Roncevax
et anz ou Val Beton où fu Karles Martiax,
a Cambraisis qant fu ocis Raous li max,
en Aspremont qant fu conqise Durondars,
ou plain Vinmeu où Gormonz fit estax
ancontre Loéys qi fu prox[1]) et loiax:
tot ce fu fins neanz ancontre ces jornax."

In Hugues Capet wird der Kampf Gormond's und Isembard's
gegen Ludwig[2]) in Ponthieu in folgender Weise behandelt (Anciens
poètes de la France, VIII. p. 19—20):

„Mais droit en ce tempore que je chi vous devis,
furont par dedens Franche entré ly Arabis,
che fu Gormans [sic!] ly rois qui tant fu postaïs,
s'i estoit Ysembars c'on nommoit Margaris,
ou païs ariverent qui est nommez Pontis;
mais contre eus alla ly fors rois Loays.
La ot telle bataille et si grant caplaïs
que plus de .c. mil Turs y ot mors et fenis.
La vit on les paiiens mattez et desconfis;
la s'y prouva ce jour l'emperere Loys
que Ysembart, ses niez, fut par lui a mort mis,
et Gormons ensement, le fellon Arabis.
Mais tant souffry de paine ce jour ly rois Loys
qu'il fu de malladie moult grevé et acquis;
onques puis il ne fu a son cors bien santis."

E. „Le Roi Louis" Titel der vollst. Chanson de geste?
Aus diesen beiden letzten Citaten könnte man entnehmen wollen, Ludwig
sei der Held gewesen, der dem Roman, der die Kämpfe Gormond's und
Isembard's enthielt, den Namen gegeben. In der That vermuthet auch
G. Paris *Hist. poét. de Charlemagne p. 400, note 2* und *Romania V
p. 377*, „Le Roi Louis" sei der eigentliche Titel gewesen für die
Chanson de geste, von der wir im „Gormond et Isembard" ein Bruchstück besitzen. Er stützt seine Vermuthung auf einen Vers des *Fabliau*
der *Deux Trovéors ribauds*, der sich bei Roquefort, État de la poésie
au douzième siècle p. 296, finde. Man sucht dort vergebens danach;
offenbar meint er p. 304, wo in einer längeren Aufzählung von epischen
Helden folgender Vers steht:

„et si sai du roi Loeis."[3])

---

[1]) Reiffenberg (Phil. Mousket II, p. VIII) richtiger proz.

[2]) Hier ist es (s. G. Paris, Hist. poét. de Charlemagne, p. 400, note 2) ein
Sohn des Charlemagne, Namens Ludwig, der Gemahl der Blanchefleur, der zugleich als letzter Karolinger bezeichnet wird.

[3]) Mitgetheilt auch von Reiffenberg (Philippe Mousket, I. p. 610 u. CLXXI).

Was für ein Ludwig gemeint sei, ist natürlich daraus nicht ersichtlich; möglich dass es Ludwig III. sein sollte.

G. Paris (a. a. O.) citirt noch eine andere Stelle aus dem noch ungedruckten Ms. des Aimeri de Narbonne:

„Bien en avez oy en la chancon
que en bataille ocist le roy Gourmon."

Hier lässt der Dichter den Ludwig, Sohn Karls, den Gormond tödten. Sicheres lässt sich für den ursprünglichen Titel unseres Denkmales aus allen angeführten Stellen nicht schliessen. Mir scheint es aber, wenn man aus anderweitigen dichterischen Behandlungen des in unserem Fragment enthaltenen Stoffes Etwas zu schliessen berechtigt ist, höchst wahrscheinlich, dass auch die vollständige Chanson de geste den Titel „Gormund et Isembard" geführt habe, oder bloss „Gormund".

F. Behandlung des Lebens und der Schicksale Gormund's und Isembards nach den hauptsächlichsten Bearbeitungen. Dies veranlasst mich — denn auch in unserem Denkmal finden sich Anspielungen auf vor demselben liegende Begebenheiten — wenigstens einiges Nähere über das Leben und die Schicksale Gormund's und Isembard's, wie sie in den hauptsächlichsten Bearbeitungen vorliegen, beizubringen. Indem ich für weitere einzelne Züge und Anspielungen auf *Gottfried's von Monmouth Historia regum Britanniae und Brut Tysylio, altwälsche Chronik in deutscher Übersetzung herausg. von San Marte, Halle 1854, S. 439—443 und Des Gervasius von Tilbury Otia Imperialia in einer Auswahl herausg. und mit Anmerkungen begleitet von Felix Liebrecht, Hannover 1856, Anm. 16 u. 64* verweise, benutze ich

1) *Brut Tysylio* (in obiger Übersetzung S. 568. 569. 572—573);

2) *Gottfried von Monmouth* (in obiger Ausgabe XI. 8 u. 10. XII. 2);

3) *Wace*, Roman de *Brut* p. p. Le Roux de Lincy t. II. p. 13790—14130 (cf. I. p. 59);

4) *Layamon's Brut*, or Chronicle of Britain, ed. Fr. Madden III. p. 156—179 (Vers 28884—29422);

5) *Gottfried v. Strassburg* (Ausg. Massmann, S. 149 ff., v. d. Hagen 8961 ff.);

6) *Phil. Mousket* II. p. 74 ss., v. 14039—14296.

Gormund war der Sohn eines heidnischen Königs in Afrika. *[In unserem Fragment besteht Gormund's Heer aus Turz et Persanz et Arabiz (V. 433). Sie heissen Sarrazin 340. 448. 501. 504. 592. 595; Gormund selbst heisst li Arabi 186. 443 und cist d'Oriente oder Oriante 69. 78, sowie emperere de Leutiz 444].* Als nach seines

Vaters Tode das Land zwischen ihm und seinem Bruder getheilt wurde, überliess er diesem auch seinen Theil, sammelte eine Schaar muthiger Krieger um sich und ging, um sich selbst ein Reich zu erobern, zu Schiffe nach Irland *[v. 610 ces d'Irlande; uns Ireis 100. 282].* Dieses unterwarf er sich und machte sich auch Theile von England unterthänig. *[Diese Vorgeschichte Gormund's wird von Phil. Mousket nicht berührt. Alles Folgende fehlt bei Gottfried v. Strassburg.]* Während er nun Cirencestre *[Cirencestre als Besitz Gormund's wird erwähnt 472; es liegt in der Grafschaft Gloucester]* belagerte, kam Isembard zu ihm und wirkte zur Eroberung dieser Stadt mit. Dieselbe wurde durch eine List eingenommen, indem man mit Pech und Schwefel gefüllte Nussschalen, die man Sperlingen an die Füsse band, anzündete und so die Stadt in Flammen setzte. *[Gottfr. v. Monmouth weiss wohl, dass die Stadt in Brand gesteckt wurde, doch kennt er die List nicht, durch die es geschah. Phil. Mousket berichtet Nichts von dieser Belagerung. Von dem nun Folgenden findet sich bei Layamon Nichts mehr. Ich werde hier hauptsächlich der Schilderung des Phil. Mousket folgen, da dieser hier — er behandelt es als Episode in der Regierung Louis IV. d'Outremer — am ausführlichsten ist und am meisten zu unserem Denkmal stimmt.]*

Isembard war der Sohn des Garin, ki tenoit Vimeu et Ponti et les aloes St.-Waleri *[Auch in den Chroniken wird Isembard als filius Warini bezeichnet. Die Mutter ist nach Mousket „Herluit", die Schwester Ludwigs. Im Gormond (Vers 554) ist Bernard Isembard's Vater.]* und der Neffe Ludwigs. *[Vgl. u. A. oben S. 504, Z. 13. Im Gorm. findet sich diese Bestimmung nicht.]* Da er mit seinem Oheim in Zwist gerathen war, so musste er aus dem Lande fliehen. *[Ein Grund für den Zwist wird — nur Chron. Alber. Tr. Font. (s. oben S. 504, Z. 16 ff.) sagt, er sei unverdienterweise in Ungnade beim Könige gefallen und aus dem Lande vertrieben — sonst nirgends angegeben, ausser von Phil. Mousket. Nach ihm dienten Isembard und sein Bruder Girardin dem Oheim, König Ludwig. Während Isembard auf den Rath der Franken, denen sie verhasst waren, mit einer Gesandtschaft nach Dänemark betraut war, tödteten diese seinen Bruder. Isembard aber ermordete bei Tisch .II. siers (d. h. gengleors et nouveliers), nachdem er zurückgekehrt die Ermordung seines Bruders erfahren, darauf floh er in sein Land. Ludwig wollte nun seine Schwester dem Alardin, einem der Mörder seines Bruders, zur Gemahlin geben; da aber I. dies nicht duldete, so wurde er von Ludwig in Ponthieu, bei seinem Vater Garin, belagert und musste dann zum Schmerz der An-*

verwandten aus dem Lande gehen. Er begab sich zu Schiffe, nur von seinem Schildknappen Ludemart begleitet, zum König von England; auf Befehl Ludwigs wurde er aber von diesem wieder vertrieben. *Auf den Rath des Evrart l'Englois ki ot apris sarrasinois al roi Gormont par mer s'en va. Am 8ten Tage kam er dort an und wurde von demselben freundlich aufgenommen.*] Er ging über's Meer zu König Gormund, der ihn freundlich aufnahm. *Mais Dieu li a fait renoüer [So auch im Gorm. V. 302 le reneie],* und man nannte ihn le Margari, *[ebenso heisst er im Gorm. li Margariz 422. 436. 451. 462. 585. 628.]* Gormund gab ihm aber seine Schwester zur Frau. Isembard bestimmte dann den Gormund, dass er mit ihm Rache nähme an Ludwig. Zu Schiffe kamen sie nach Frankreich *[vgl. Gorm. 606. 607],* plünderten und verbrannten das Kloster Saint-Riquier *[vgl. Gorm. 351. 352].* Uns clers, qui Gautiers ot a non *[Im Gorm. heisst der Schildknappe Huelin's Gontier 327 oder Guntier 548.]* überbrachte dem Ludwig diese Nachricht. Huelins uns grans cevaliers bat darauf den König, ihn in das heidnische Lager gehen und die Stärke desselben auskundschaften zu lassen. *[Auf eine solche Gesandtschaft des Hugelin (sein Name ist Hue, Huon, Huelin oder Hugelin) wird im Gorm. 197. 243 angespielt.]* Er kam in das Lager und traf daselbst den Isembard, seinen Neffen. *[Auch im Gorm. 213 wird Hugelins als Bruder Ludwigs, also als Oheim Isembard's bezeichnet.]* Er sagte ·diesem, dass er aus Frankreich verbannt und enterbt und seinetwegen bei Hofe angeklagt wäre. I. führte den H. dann auch zu Gormund und darauf kehrten sie wieder zu seinem Zelte zurück. Mit List beraubte H. dann den Isembard seines besten Pferdes *[Dies berührt Gormund in unserem Fragment 262. 263.]* und entfloh danach, indem er ihm noch aus der Ferne zurief, „j'ai vostre ceval gaegnié et si ai Gormont engignié, car jou sui espie le roi noncerai li vostre desroi." Dann meldete er Ludwig, was er gesehen. Dieser lieferte den Sarrasins darauf eine Schlacht, in der viele Franken, aber auch Gormund *[Im Gorm. Tir. 11 wird er von Ludwig getödtet. Ebenso auch bei Anderen, während wieder Andere ihn entfliehen lassen.]* und die Sarrazenen alle fielen. Auch Isembard fiel, nachdem sein Vater Garin *[Im Gorm. Tir. 18 treffen sich I. und Guarin, ohne˙sich zu erkennen. Letzterer wird vom Ersteren aus dem Sattel gehoben.]* vergeblich versucht, ihn wieder zu bekehren. *[Im Gorm. Tir. 23 bekehrt sich Isembard in der letzten uns erhaltenen Strophe. Auch bei Phil. Mousket 14267 f. ist dies kurz vor seinem Tode der Fall.]* Seine Mutter aber und seine Schwester, sowie seine Gemahlin, die Tochter Gormund's *[Von diesen dreien findet sich im Gorm. Nichts]*, gingen in ein Kloster. Ludwig aber wurde in der Schlacht so verwundet que trente jors ne vesqui puis. *[Dazu stimmt vollständig Gorm. 413 que trente jors puis ne vesquie. Auch in den Chroniken heisst es, dass Ludwig in Folge der Strapazen nicht lange nach der Schlacht gestorben sei. Am merkwürdigsten ist die Übereinstimmung von Gorm. 412 que les corueilles sunt rumpie (l. que les curailles dunt rumpie) mit dem Chron. Centulense (s. ob. S. 504): „Dicitur autem quod in ipso congressu prae nimio feriendi conamine sua interiora ruperit, ac deinde mortuus est".]*

G. „Gormund et Isembard" hiess die Vorlage unseres Gedichtes. Nimmt man an, dass in der vollständigen Chanson de geste auch die Vorgeschichte Gormund's behandelt gewesen sei, so könnte man dieselbe „Gormund" betiteln. Dass dies aber der Fall gewesen, wird ziemlich unwahrscheinlich dadurch, dass gerade da, wo sich dieselbe findet, Nichts von der Expedition Gormund's und Isembard's gegen Ludwig gesagt wird. Am meisten jedoch spricht dagegen das Zeugniss des Chronicon Centulense und die Übereinstimmung des uns erhaltenen Fragmentes mit der Chronik des Phil. Mousket, dem die Vorgeschichte Gormund's fehlt. Auch das Chron. Cent. erwähnt von dieser Nichts.

Phil. Mousket 14296 bemerkt zu der ganzen Stelle: „Ce dist l'estore u je le truis." Aus dem Chronicon Centulense (s. oben S. 503, Z. 17 ff.) geht aber deutlich hervor, dass über den Zug Gormund's und Isembard's nach Vimen und Ponthieu in der Gegend von St.-Riquier Volksgesänge in französischer Sprache bestanden[1]), und zwar noch zur Zeit des Verfassers der Chronik, die 1080 abgeschlossen wurde. Wir können mit Sicherheit annehmen, dass diese in der Picardie entstandenen Volksgesänge die Vorlage unseres „Gormund et Isembard" waren, dass wir also den Ursprung unseres Denkmales in das dritte Viertel etwa des 11. Jahrh., wenn nicht, was vielleicht wahrscheinlicher ist, noch früher, und zwar in die Picardie zu setzen haben. In Bezug auf die oben Z. 5 ff. berührte Übereinstimmung von Vers 412 mit dem Chronicon Centulense liegt die Abhängigkeit auf Seite des Chronisten; er scheint dieses *dicitur quod etc.* aus dem Gorm. geschöpft zu haben. Dass die Sache umgekehrt wäre, scheint mir besonders wegen der zum Theil nachzuweisenden Alterthümlichkeit der Sprache (s. unten) nicht angenommen werden zu können.

[1]) Dass es sich dort nicht um ein Triumphlied handelt und dass unser deutsches Ludwigslied nicht gemeint sein kann, ist in den Elnonensia (2e éd. p. 25 ss.) nachgewiesen. Der Hauptgrund dagegen ist, dass ja im Ludwigslied die Namen Gormund und Isembard nicht einmal genannt werden.

Wir haben im Gormond, sagt Diez, Altr. Sprd., S. 116, „*kein Volkslied, wenn auch auf Volksliedern beruhend, vielmehr eine Epopoe, die sich bereits wie die übrigen, auf die geschriebene Tradition beruft.*" Dies geschieht an drei Stellen:

      146 ceo dit la geste a Saint Denise
      331 ceo dist la geste a Saint Richier
      418 coo dit la geste.

Wenn Diez a. a. O. das Gedicht in das nordwestliche Frankreich weist, so scheint mir dies nicht richtig zu sein. [Enclinot 236, neben enclinat 98 könnte man als eine rein normannische Form anführen; das Impf. ist aber 236 einmal nicht am Platze und dann ist auch enclinat 98 mit erhaltenem auslautendem t in der 3. Pers. Sg. Perf. als einzige derartige Form auffallend, ich halte dafür, enclin ot und enclin at zu trennen.] Vielmehr weist die ganze Stimmung des Gedichtes auf die Picardie, ist doch diese der Schauplatz gerade der Vorgänge, die wir behandelt finden; auch beruft sich ja dasselbe auf eine picardische Geste, la geste a Saint Richier, und diesen Heiligen ruft Ludwig 378 um Hülfe an. Freilich fleht in derselben Str. kurz vorher 374 Ludwig den ber Saint Denise um seinen Beistand an; auch wird 146 la geste a Saint Denise als Zeugniss aufgeführt. Man beachte auch Vers 579 de nos Franceis i fist asart, eine Stelle, die den Patriotismus des ursprüngl. Dichters verräth.

In Betreff des Alters meinte Reiffenberg (Phil. Mousket II. p. IX), nachdem er von der Hdschr. gesagt, sie gehöre dem 13. oder dem Ende des 12. Jahrh. an: tout nous porte à croire que le poème a été composé alors. Übrigens bemerkt er: „*pour la rime et la versification en général, il existe entre ce qu'on va lire et la chanson de Roland plus d'une espèce d'analogie*". Nach der ganz unbestimmten Äusserung von G. Paris (Acc. lat. p. 113): „*le fragment de G. et I. paraît remonter très-haut, sinon dans sa forme conservée, au moins dans celle qui lui a servi de modèle.*" gab erst P. Meyer eine etwas genauere Zeitbestimmung (Mém. d. l. Soc. d. Ling. 1868 I. p. 260): „*cette chanson peut bien être contemporaine de Roland.*"

Sieht man von den metrischen Fehlern und den falschen Assonanzen, die auf Rechnung eines unachtsamen Schreibers zu setzen sind, ab, so muss man im Hinblick auf die äussere Form, den Stil, und die Sprache eine dem Rolandsliede nicht ferne, vielleicht sogar frühere Zeit für die Entstehungszeit der Vorlage des uns überlieferten Fragmentes ansehen. Der Stil ist ganz der der Chanson de Roland.

Die äussere Form ist eine höchst eigenthümliche. Wir treffen hier, das einzige Mal in der altfranzös. epischen Literatur, einen nationalen Stoff in achtsilbigen durch Assonanz zu Tiraden verbundenen Versen behandelt. *[Näheres S. 515 ff.]* Diese Art der Behandlung weist unsere Dichtung in ein hohes Alter zurück. Ein ebenso in Achtsilblern geschriebener, aber aus zwei Reimpaaren bestehender Refrain giebt dem Denkmal einen volksthümlichen, gleich alterthümlichen Character. Ebenso ist es mit der Sprache. Wir begegnen hier einer Reihe von Wörtern oder Wortformen, die sich nur hier oder in den ältesten Denkmälern noch finden und auf eine sehr frühe Entstehungszeit des Gorm. schliessen lassen. Z. B. *dam* 24 = damnum, in den Eiden *in damno sit*. *iéo* = ĕgo 369 in ié-Ass., entschieden sehr alt; *éo* Eide, *ío* Eide und Fragm. de Val. — *u̯r* Rand 71, nur noch QLdR. 254 (*ur*) und Boethius 204 (*or*). — *dueret* Plsqpf. scheint mir *devret* zu sein, s. Anm. Andere Plusqpf. s. Foth in Rom. Studien II., 255. — *campon* l. *champu̯n* 274. champu̯n 292; c[h]ampu̯n s. Anm. zu 274. — *reconu̯ist* = recognovisset 575. — *concent* = lat. conscindit 27. — *desconcendre* = lat. disconscindere 72. — *tenc* 366. 375, vgl. *venc* Charlem. — *tambre* Wurfgeschoss 74. — Letztere vier Wörter und Wortformen finde ich nur im Gorm.

II. Die Ausgaben von Reiffenberg und von Scheler; allgemeine Principien bei der Herstellung der vorliegenden.

Der Text, wie ihn Reiffenberg giebt, schien nur ein Abdruck der Handschrift zu sein. Auflösung der Abkürzungen, Trennung der Wörter und Sätze, Interpunction, Accente (Acut, Gravis, Circumflex), Apostroph, Trema, Tiret, Cedille, Majuskeln in den Eigennamen und im Beginne des Verses ausser am Anfang der Tiraden, Scheidung von i und j, u und v: Alles das rührte natürlich vom Herausgeber her. Wie sich nun durch das Erscheinen der Scheler'schen Ausgabe, eines genauen Abdruckes des Ms., herausstellt, hat R. eigene Änderungen in den Text aufgenommen, vor Allem aber, wie sich dies aus Hunderten von Beispielen beweisen lässt, giebt R. kein treues Bild der Hs., da er in vielen Fällen falsch gelesen hat oder, was theilweise wahrscheinlicher ist, zahlreiche Druckfehler in seinen Text hineingekommen sind.

In Bezug auf die Verszählung verhalten sich R. u. S. wie folgt:

R.	S.	R.	S.
Ungezählte Lücke	Gezählte Lücke 1	490—530	495—535
1—41	2—42	Ungezählte Lücke	Gezählte Lücke 536
Ungezählte Lücke	Gezählte Lücke 43	531—555	537—561
42—84*	44—86*	fehlt	562
fehlt	87	556—570	563—577
85—123	88—126	Ungezählte Lücke	Gezählte Lücke 578
Ungezählte Lücke	Gezählte Lücke 127	571—611	579—619
124—489†	128—493†	Ungezählte Lücke	Gezählte Lücke 620
Ungezählte Lücke	Gezählte Lücke 494	612—652	621—661

* R. 83, S. 85 Lücke des Ms. ergänzt. — † Nach R. 346, S. 350 stehen im Ms. noch 11 Verse, die aber schon daselbst getilgt sind; sie sind identisch mit R. 313—323, S. 317—327.

Die Kunde, das Ms. sei von einem belgischen Gelehrten wieder aufgefunden worden und werde von demselben neu edirt werden, erhielt ich, als ich im Begriffe stand, meine Arbeit über den Gormond zum Behuf der Promotion abzuschliessen, und konnte ich nicht umhin, sie einzureichen — im Sommer 1876 — ohne auch nur in Erfahrung zu bringen, ob jene neue Edition etwa inzwischen erschienen sei. Den Herren Prof. Böhmer, ten Brink und Vollmöller sage ich für die mir gewordene Anregung und Förderung meinen warmen Dank. Wenige Wochen nach absolvirtem Doctorexamen erhielt ich die Scheler'sche Publication. Zu besonderer Freude gereichte es mir, in ihr vielfach durch das Ms. bestätigt zu finden, was ich vorher nur vermuthet hatte; auch war es mir sehr angenehm, in den meisten Fällen Scheler's Besserungen mit den meinigen übereinstimmend zu finden. Übel aber war es für mich, dass die durch das Erscheinen der Scheler'schen Edition mir erwachsene Aufgabe der Einarbeitung des neuen Materials in meine noch nicht in Druck gegangene Dissertation an mich herantrat, während ich durch Schulthätigkeit sehr in Anspruch genommen wurde und von litterarischen Hülfsmitteln entblösst war. Dem letzteren wurde durch gütige Hülfe seitens der Hamburger Stadtbibliothek abgeholfen, und darf ich jetzt nicht länger zögern, die Arbeit drucken zu lassen, so gern ich Musse für weitere Durcharbeitung und Ausarbeitung abwartete: die Grundlage bildet also das Ms., wie es in Scheler's Abdruck publicirt ist. R. und S., d. h. Scheler's Conjecturen, sowie die von Förster und G. Paris in ihren betreffenden Anzeigen vorgeschlagenen Besserungen sind (mit Beifügung von F. und P.) in den Noten unter dem Texte zu finden.

Hinsichtlich der Orthographie bin ich möglichst der Etymologie gefolgt und habe eine einheitliche Schreibung durchgeführt (s. unten den Abschnitt über die Laute). Grosse Anfangsbuchstaben habe ich nur bei Eigennamen und grösseren Lesezeichen angewandt, auch am Anfang der Strophen, (die ich numerirt habe,) nicht aber am Anfang eines jeden Verses, wie dies sonst meist Sitte ist. — Die Flexion ist überall berichtigt (s. unten Abschnitt VI.), ebenso Metrum und Assonanz; die sich aus letzterer ergebende Schreibung hat auch im Innern des Verses Eingang gefunden; die Gesetze über Hiatus und Elision sind gleichfalls berücksichtigt. Über die Schreibung sil, s'il, nen, n'en siehe IV. E. Adverbialische Ausdrücke sind soweit als möglich zusammengeschrieben.

Damit eine von mir vorgenommene Änderung sofort als solche erkannt wird, ist dieselbe cursiv gedruckt. Eckige Klammern bezeichnen von mir Hinzugefügtes, runde dagegen, was nach meiner Ansicht zu tilgen ist.

Accente sind von mir nicht angewendet, doch dürfte es sich vielleicht empfehlen, das Trema in *abbeïe, aïe, aït, aïr, aviez, braïel, creüst, enfuïrent, Erneïs, esbaïe, esboële, esquïer, eüst, esj[e]iine, feïs, nïent, païs, peiist, poiin, reïnsis, squïele, traïsun* einzuführen. Auch das Tiret wäre z. Th. angebracht.

Meine Verszählung ist die Scheler'sche.

Cursiv gedruckte Zahlen in der Einleitung und im Wortindex bezeichnen Assonanzstelle.

III. Metrische Form.

A. Allgemeine Form des Gormond.[1]) Der im Gormond zur Anwendung gekommene Vers ist der Achtsilbler; doch während dieser sonst in epischen Gedichten paarweise verbunden wird, haben wir hier theils männlich, theils weiblich assonirende Tiraden, also Strophen von unbestimmter Verszahl, die durch Assonanz gebunden sind; an 6 Stellen aber begegnen wir einem Refrain, der, was bisher noch unangemerkt geblieben ist, aus 4 paarweise durch Reim verbundenen Versen besteht.

---

[1]) Diez, Altr. Sprd., 1846, S. 111. 116—117. — Fr. Pfeiffer über Heyse, Romanische Inedita in Menzel, Literaturblatt, 1856, p. 71. — ten Brink, Conjectanea in hist. rei metr. francogall., 1865, p. 40 Anm. 17. — G. Paris, La Vie de Saint Léger in Romania I., 1872, p. 294. 296.

B. Verbreitung des Achtsilblers. [1]) Wir finden den Achtsilbler zuerst im 10. Jahrh. in der Passion Christi und im Leben des heiligen Leodegar; ersteres Denkmal enthält 129 Strophen von je 4 paarweise assonirenden Versen mit vorwiegend männl., aber auch weibl. Ausgang, letzteres hingegen 40 Strophen von je 6 paarweise, aber nur durch männliche Assonanz verbundenen Versen.

Das von Paul Heyse entdeckte und in seinen Romanische Inedita, Berlin 1856, S. 1—6 [2]) herausg. Alexanderfragment von Alberic de Besançon [nach Bartsch, Grundriss zur Geschichte d. prov. Lit., 1872, § 9 „wenigstens dem XI. Jahrh." angehörend] umfasst 105 Verse in 15 einreimigen [3]) männlichen Strophen von 6—10 achtsilbigen Versen.

Ferner theilt Raynouard (Choix des poés. orig. des troub., 1817, t. II., p. 144—145; cf. CXLVI) nach Fauchet (De l'origine de la langue et poésie franç. 1581. 4[0]) unter dem Titel: „Fragment de la Vie de la Sainte Fides d'Agen"[4]) ein prov. Bruchstück mit, das aus 2 einreimigen Tiraden, einer weibl. von 9 und einer männl. von 11 Versen besteht. Fauchet giebt an,[5]) er habe es aus einer nicht viel weniger als 500 Jahre alten Hs.[6]) entnommen. Die Bibl. hist. de la Fr.[7]) unter Nr. 4412, t. I., p. 286 setzt es in das Jahr 1080.

Aus nicht viel später Zeit stammen die Lieder Guillem's IX Grafen von Peitieu, des ältesten provenzalischen Troubadours, von dem uns Etwas erhalten ist. Über die metrische Form der Lieder Wilhelms hat ausführlich Diez gehandelt. [Altr. Sprd., S. 120 ff.] Zwei der zehn von Holland und Keller (2. Ausg. 1850) mitgetheilten haben für uns hier besonderes Interesse, nämlich Nr. 8 u. 9, welche beginnen

---

[1]) Diez, Altr. Sprachd., 1846, S. 108—111. 116. 117. 120 ff. — Diez, Zwei altromanische Gedichte, 1852, S. 5—6. 36. — Pfeiffer in Menzel's Literaturblatt, 1856, S. 71. — Ad. Tobler, Darst. d. lat. Conj. u. ihrer roman. Gestaltung nebst einigen Bemerkungen z. prov. Alexanderliede, Zürich 1857, S. 45. — ten Brink, Conjectanea in hist. rei metr. fr., 1865, p. 25—27. 31. 38 (Anm. 13). 40 (Anm. 17). — G. Paris, La Vie de Saint Léger in Romania, I., 1872, p. 292—296. — G. Paris, La Passion du Christ in Romania, II., 1873, p. 295—297.

[2]) Danach Bartsch, Chrest. de l'anc. fr., 1e éd. 25—28; 2e et 3e éd. 17—20.

[3]) Str. 2, Vers 9—18 und Str. 6, Vers 39—45 zeigen Assonanz, nicht Vollreim, wie Pfeiffer, Menzel's Literaturblatt, 1856, S. 71 annimmt.

[4]) Vgl. Diez, Altr. Sprd. 109 und Bartsch, Grundriss, § 7, S. 8.

[5]) Raynouard a. a. O. p. CXLVI: „Deux couples tirées d'un livre escrit à la main, il n'y a guieres moins de cinq cens ans, lequel le dict sieur Pithou m'a presté, contenant la vie de saincte Fides d'Agen.

[6]) Raynouard, eb. Note 1: „La perte de ce manuscrit est à regretter."

[7]) Raynouard, eb. Note 1: „Vie de sainte Fides d'Agen, en vers rimés en langue provençale, semblable à la catalane, écrite en 1080."

Mout jauzens me prenc en amar und *Pus de chantar m'es pres talens.*
In ihnen finden wir nämlich ausschliesslich den Achtsilbler angewandt.
Nr. 8 besteht aus 8 sechszeiligen Strophen mit männlichem Reim; die
Reimstellung ist a b b a a b; die beiden Reime sind durch alle Strophen
dieselben. Nr. 9 umfasst 10 vierzeilige Strophen mit männlichem Reim;
die Reimstellung ist a a a b; der Reim a ist in jeder Strophe ein anderer; b bleibt durch das ganze Gedicht hindurch; wir haben in b eine
refrainartige Schlusszeile; am Schluss des Ganzen steht eine zweizeilige
Schlusstrophe mit den Reimen a b (= den Reimen der letzten vierzeil. Strophe).

Der provenzalische Planch de Sant Esteve[1]), „eine épitre farcie,
d. h. ein in den Gottesdienst nach der Epistel eingeschobenes liturgisches
Stück,"[2]) [um 1100][3]) zeigt ebenfalls aus Achtsilblern gebildete Strophen, 17 an der Zahl, mit männlichem Reim,[4]) zu je 4 Versen.

Schliesslich will ich noch ein Lied anführen von 8 Strophen in
vierzeiligen einreimigen achtsilbigen Versen mit männlichem Reim. Es
ist ein Lied der Yselt aus dem Prosaroman Tristan und ist abgedruckt
in Bartsch, Chrest. de l'anc. fr., 3ᵉ éd., 140—142.

Fassen wir zusammen, was sich über die strophische Verwendung
des Achtsilblers im Provenzalischen und Altfranzösischen ergiebt:
Tiraden von unbestimmter Verszahl mit nur männlichem
Reime begegnen uns im Alexanderfragment von Alberic de Besançon,
mit weiblichem und männlichem Reim im Leben der heil. Fides von
Agen, mit männlicher und weiblicher Assonanz im Gormond; Strophen von bestimmter Verszahl, von 6 Zeilen mit nur männlicher
Assonanz im St. Léger, von 4 Zeilen mit vorwiegend männlicher Assonanz in der Passion und mit nur männlichem Reim im Planch de
Sant Esteve und im Liede der Yselt im Roman de Tristan. Guillem's IX
Pilgerlied *Pus de chantar m'es pres talens* besteht aus vierzeiligen
Strophen mit männlichem Ausgang mit der Reimstellung a a a b und
einem zweizeiligen Schlussrefrain mit dem Reim a b (a ist hier gleich
dem entsprechenden Reim der vorhergehenden Strophe); der Reim a
wechselt, b, gewissermassen ein Refrain, bleibt durch das ganze Gedicht.
In ebendesselben schon „kunstmässigem Liede" *Mout jauzens me prenc*

---

[1]) Herausg. von Raynouard, Choix des poés., II., 146—151; cf. CXLVI—
CXLVIII mit dem lat. Texte, und ohne denselben Bartsch, Chrest. prov. 21—24.
[2]) Bartsch, Grundriss, § 10, S. 10.
[3]) Bartsch, eb.
[4]) Str. 1 ist aus 2 Reimpaaren gebildet.

en amar haben wir sechszeilige Strophen mit in allen gleichem männlichem Reim in der Stellung a b b a a b. Strophen von achtsilbigen Versen sind demnach zur Verwendung gekommen in Heiligenleben und lyrischen Gedichten; im Epos aber findet sich die achtsilbige Tirade nur im Alexanderfragment und im Gormond. Der Gormond steht aber, auch abgesehen von der sechsmaligen Wiederkehr einer aus zwei Reimpaaren bestehenden Refrainstrophe, auf dem Gebiete der französischen nationalen Epik hinsichtlich seiner metrischen Form insofern einzig da, als ihm allein ein nationaler Stoff zu Grunde liegt, während der Gegenstand im Alexanderfragment ein fremder, antiker ist. Aus dem Gormondfragment ersehen wir (vgl. Diez, Altr. Sprd. 116), dass zu einer gewissen Zeit in einer bestimmten Gegend Nordfrankreichs wirklich begonnen worden ist, die nationale epische Poesie in Tiraden von Achtsilblern zu kleiden. Der Grund aber davon, dass diese Form keine Verbreitung im franz. Epos gefunden, muss (vgl. Diez a. a. O. 117) darin gesucht werden, dass der rasche Gang des achtsilbigen Verses, wenn eine grössere Anzahl durch gleichen Reim oder Assonanz verbunden wurden, für die Erzählung zu wenig Ruhepunkte gewährte.

Die Verbindung zu Reimpaaren ist diejenige, in der der Achtsilbler am häufigsten im Roman auftritt. Sie erscheint hauptsächlich in *Wace's Roman de Brut* und *Roman de Rou* (auch in seiner *Vie de St. Nicholas*), besonders aber im höfischen Romane, im *Artusromane, romans d'aventure* und im antiken Romane, so im *Roman d'Eneas* und *Roman de Troie* von Benoit de Sainte More, sowie im satirischen, allegorischen Romane *[Roman de Renart, Roman de la Rose]*, auch noch in Heiligenleben wie *La Vie du Pape Grégoire le Grand* (publ. par Victor Luzarche, Tours 1857. Vgl. Bieling, Beitr. zur Überlief. der Gregorlegende, Berlin 1874). Ausserdem in didaktischer Poesie (La Bible Guiot).

C. Technik des Achtsilblers im Gorm.[1]) In Bezug auf die Technik des Achtsilblers beschränke ich mich auf das Wesentlichste im Gormond. Ich gehe aus von den Versen:

110 kui n'i pot mie sun char aveir
227 e od l'aspee depart la presse
485 cum as oi France bien aquitee[2])

---

[1]) Vgl. ten Brink, Conject. 25—27 und G. Paris, Romania I., 292 ff.
[2]) 619 que tut nel tenche desques al bu bei R. lautete schon im Ms. que tut nel trenche desqu' al bu, wie ich ihn urspr. gebessert hatte.

In 110 habe ich *en* st. *sun*, 227 *l'espie* eingesetzt; 485 liess sich nur durch Umstellung von *oi France* in *France oi* auf das richtige Versmass bringen. *[In gleicher Weise hat S. an allen 3 Stellen geändert.]* Wollte man diese Verse unangetastet lassen, so hätte man überfliessende Silbe im ersten Hemistich anzunehmen. Keineswegs aber wäre eine Erklärung derartiger Verse in dem zu suchen, was P. Meyer *Notice sur la métrique du Chant d'Eulalie, Paris 1861, p. 16—17* dafür als Grund angiebt. Danach müssten wir nämlich annehmen, dass das auslautende tonlose e vor einem konsonantisch anlautendem Worte (*mie* vor *sun, aspee* vor *depart, France* vor *bien*) elidirt werden könnte. Auf die Unzulässigkeit einer derartigen Elision hat bereits G. Paris *Acc. latin p. 128* hingewiesen, indem er zugleich (*ib. note 1*) die Vermuthung ausspricht, es sei vielleicht auch im Achtsilbler eine Art von Cäsur vorhanden gewesen. Auch ten Brink, *Conjectanea p. 25 ss.*, hat für eine Anzahl von Versen überfliessende Silbe in der Mitte des Verses constatirt.

Als gleich gebaut mit obigen drei Versen könnten wir aus dem Gormond noch folgende Verse ansehen: 8. 40. 64. 86. 137. 163. 14. 25. 95. *110*. 387. 175. 176. 189. 275. 288. 330. 418. 427. 638. 428. 639. 452 und 73. 146. *218*. 472. 482. 503. In diesen 23 Versen mit männlichem und sechs mit weiblichem Versausgang steht tonloses e in der Mitte vor folgendem Vokale und muss daher elidirt werden. Überzählige Silbe in der Cäsur wäre nur zulässig, wenn diese Cäsur in allen Versen vorhanden wäre. Eine feste Cäsur lässt sich aber für den Gorm. nicht annehmen; es kann also auch keine überzählige Silbe zugelassen werden. Es war daher geboten, obige drei Verse, wie oben angedeutet, zu bessern.

Über den Rhythmus des Achtsilblers im Gormond lässt sich im Allgemeinen sagen, es ist auch noch in diesem Denkmale wie in den älteren in gleichem Metrum geschriebenen, die hemistichische Form vorherrschend; doch ist durch eine grosse Anzahl von Versen bereits ein freierer Rhythmus bezeugt. Vgl. G. Paris, *Romania I., p. 296* und ten Brink, *Conjectanea, p. 26.*

Der von G. Paris, Romania I., p. 296 ausgesprochenen Vermuthung betreffs der auf fünfter Silbe betonten Verse: „*Ce sont peut-être des fautes du copiste*" kann ich mich nicht anschliessen; die Anzahl dieser Verse ist noch immerhin eine verhältnissmässig zu grosse, als dass man sie auf Rechnung des Schreibers setzen könnte.

D. Berichtigung des Metrums im Gormond.
I. Zu kurze Verse.

1. *Um eine Silbe zu kurz;*
   a) *berichtigt durch Beseitigung einer offenbar verkehrten handschriftlichen Überlieferung:*
      105 vus nel rec*uv[er]*rez (st. recourez) des meis
      277 lie se(r)runt cil qu'aiuerum (st. kaweron)
   b) *berichtigt durch Einführung der richtigen Wortformen:*
      Lo*[e]*vis ist st. Lowis zu lesen 178. 243. 276. 289. 360. 365. 388. 455. 484. 499. 520. 534. 537. 543. 612 (ebenso 201. 431. 525; siehe dazu S. 521 f.)
      649 la mei[e] mort parduins icil
      148 celui l'[e]ust gete de vie
      603 de la faim et ej[e]une(z)
      626 mais ne l'unt pas recon[e]u
      545 cuvert sur un escu r[e]und
      (reund st. rund auch 294 zu setzen und demgemäss zu ändern)
      616 qu[i] il cunsuit, tut est vencu[s]
      193 mal guar[i]ra par Apollin
      367 que n'i just[er]ai [h]ui premier
   c) *berichtigt durch Hinzufügung eines durch den Zusammenhang geforderten Wortes:*
      71 d'un ur [al] autre li fist fendre
      187 vus estes [en] del tut fini
      423 a l'estendard [vint] pui[g]nant tost
      646 e al tierz jur [re]surrexis
      94 [e] de sun blanc hauberc les pleis
      82 ne voil que [ja] un[s] sul[s] s'en vante
      366 tant par me tenc [pur] engi(n)[g]n[i]e
      415 car mu[l]t [par] ert bon[s] chevalier[s]
      554 la u jut mors [li] rei[s] Gormuns
      81 quand il vers mei d[r.]escent [la] lance
      189 qui fut par force en [la] cruiz mis
      568 mais nen ateinst mie en [la] char
      223 que [jeo] ne l'auge ja requerre
      145 qui [il] cunsuit, nel laist en selo
      305 s'il [le] poeit as puins baillier
      560 quand [i] survint li viel[s] Bernars
      347 conuisterez [vus] l'escuier
      313 Hue[s] s'[en] est tant avancie[s]

256 trop [en] estes vantes, bricun
218 pruz [ai] mun pere e mun ancestre
358 de riches e(t) de [bien] preisies
377 fors sul [de] Deu, le *veir* del ciel
115 sur un cheval sor bauzan [ert]
463 e puis se rest al chemin [mis]

e) *berichtigt durch Hinzufügen längerer, gleich üblicher Wortformen:*

531 tant mar[e] fustes, gentil ber
540 tant mar[e] fustes, rei[s] barun
512 tant cum[e] li miens cors durra
355 cum orguillus e(t) cum[e] fier[s]
517 od quarrante mil[liers] d'armes

f) *berichtigt durch Einführung des Hiatus statt der Elision:*

17 qu[e] il en fist ra[i]er le sang
120 qu[e] il en fist le sang voler

2. *um zwei Silben zu kurz:*

182 il traist [le brand] d'or enheudi
370 la nostre [chose] avenist bien

3. *um drei Silben zu kurz:*

225 quand [Hugelins] se pend sur destre

II. Um eine Silbe zu lange Verse

a) *berichtigt durch Einführung der richtigen Wortform:*

645 en saint(e) sepulchre fustes mis

b) *berichtigt durch Einführung einer kürzeren Wortform oder eines kürzeren Wortes:*

14 s'il lor(e)s ne juste a lui (a)en c[h]amp
30 qui unques fust el mund(e) vivans
28 qu'amb(e)[s]dous les abat mors el c[h]amp
227 e od l'espie (st. aspee) depart la presse
69 y vit Gormund, *cest* (st. celui) d'Oriente
328 *cil* (st. celui) qui fut ja *sis* escuier[s]
110 *que* n'i pot mie *en* (st. sun) char aveir

c) *berichtigt durch Streichen:*

253 (que) tute est muill[i]ee la suzsele
428 que jeo (i) se(r)reie *o* pris *o* mors
642 qui (enz) en la sainte cruiz fus mis
201 pui[g]nant en vint a(l rei) Lo*f*e*j*vis
431 entre Gormund e(t) (reis) Lo*f*e*j*vis
525 (e) Lo*f*e*j*vis est el pui munte[s]

(201. 431. 525 wurden erst durch Einführung des längeren Loevis st. Lowis zu lang; S. behält hier Lowis bei.)
   d) *berichtigt durch Umstellung:*
      485 cum as France hui (st. oi France) bien aquitee
      380 en l'[h]onur Deu pur l' (st. le por) eshaucier
   e) *durch Elision eines tonlosen e:*
      124 l' (st. le) hauberc rumpu e desafre
      401 mu[l]t li costa l' (st. le) hauberc dubl[i]er
      457 l' (st. le) hauberc desmaela e malmist
      106 ci remaindrez ensembl' (st. ensemble) od mei
      615 dous mil paien(s) ensembl' (st. ensemble) od l[u]i

III. Das Versmass aus besonderen Gründen berichtigt:
      54 si l'ad feru [amunt] sur l'*he*lme (st. le heaume)
      169 l' (st. le) hauberc desmaela (st. desmaele) o(t) rumpi
      21 l' (st. le) hauberc [li] desmaele e(t) dement
      214 av(e)ez veu cel (st. de) Antecrist
      533 *meillur* (st. meudre hom) ne p[e]ust hum trover
      294 sil feri sur l' (st. sun) escu r[e]und

IV. Das Versmass ist falsch, eine Änderung aber unsicher:
      44 vestue co a de mort nuvele (s. Note u. Anm.).

IV. Hiatus und Elision.[1])

A. Allgemeines. Die Gestattung des Hiatus und die Anwendung, kurz gesagt der Elision im weitesten Sinne, d. h. des Zusammenstossens zweier Vokale im Auslaute eines Wortes und im Anlaute des folgenden, sowie die Tilgung eines aus-, an- oder inlautenden Vokales durch

---

[1]) cf. G. Paris, Étude sur le rôle de l'accent latin dans la langue franç., 1862, p. 118 ss. — Léon Gautier, Les épopées franç., 1865, I. 206 ss. — G. Weigand, Traité de versification française. Nouv. éd. rev. et augm., 1871, p. 218 ss. — G. Paris, La Vie de St. Alexis, 1872, 31—35. 131—133. — Löschhorn, Zum normannischen Rolandsliede (Göttinger Dissert.), 1873, S. 5—14. — Mall, Li Cumpoz Philipe de Thaun, 1873, 80—86. — Hill, Über das Metrum in der Chanson de Roland (Strassb. Diss.), 1874, und Recension von G. Paris, Romania 1874, III., 898 ff. — E. Koschwitz, Über das Alter und die Herkunft der Chanson du Voyage de Charlemagne à Jérusalem et à Constantinople in Böhmer's Rom. Studien, Bd. II., S. 30 ff.

Elision im engeren Sinne, Aphärese oder Inclination sind von der grössten Wichtigkeit für die kritische Herstellung altfranzösischer Texte. Während seit Malherbe (um 1600) der Hiatus in der französischen Poesie gemieden wird (vgl. Weigand p. 219 f.), finden wir besonders in der ältesten Zeit denselben zwischen allen Vokalen, ausser nach tonlosem e, in gleicher Weise gestattet; aber selbst nach diesem finden sich Beispiele der Nichtelision bei gewissen Dichtern. Besonders der letztere Punkt hat bis jetzt eine eingehende Behandlung noch nicht gefunden; auch kann ich mich den zum Theil dafür beigebrachten Gründen nicht anschliessen. Ehe man nicht eine bestimmte grössere Anzahl von Denkmälern in Bezug auf Anwendung des Hiatus und der Elision, und zwar nicht bloss zwischen zwei Worten, sondern auch innerhalb eines Wortes genauer untersucht haben wird, dürfte es nicht gerathen sein, sich im Voraus bei einem Denkmal für dies oder jenes zu entscheiden. Ich halte es daher für angemessen, diese Punkte in vorliegendem Denkmal ausführlicher zu behandeln.

B. Gestattung des Hiatus. Hiatus zwischen gleichen oder verschiedenen Vokalen, deren erster jedoch kein stummes e sein darf, findet sich: zw. *a* und *a* 254; *a e* 369. 546; *a i* 384. 558. 585; *a y* 200. 507. 527. 554. 628; *a u* [12]. 35. 74. [82]. 100. 108. 158. 453. 55 594. 661; *ai a* 487; *e a* 252. 299; *e i* 591; *e o* 405; *ei e* 470. 480; *eu e* 269; *eu ou* 198; *i a* 462. 491; *i e* 474. 516; *ou a* 41; *ou e* 65; *y i* 527. 528; *yi u* 260; *yi e* 359; *u a* 104; *u e* 215 und vor aspirirtem h 131 *a haute vois*; 311 *porta haut*; 584 *a haut cris*; 349 *ove Huyn*. Hiatus findet sich ferner nach der Conjunction *e(t)* (das t verstummte in der Aussprache) 44. 51. 164. 232. 323. 334. 339. 418. 433. 519. 526. 583, nach *e* = et 272. 320. 326. 416. 497. 523. 598. 614. 646, und vor *e(t)* 129. 434. 573, vor *e* 29. 457.

Auf anderweitige Fälle komme ich weiter unten zu sprechen.

C. Verhalten mehrsilbiger Wörter in Bezug auf Hiatus und Elision. Elision tritt ein bei dumpfem e am Ausgang eines mehrsilbigen Wortes

1. nach Vokal[1]): mie en 73. 95. *111*. 387; veneie en 427. 638; meie ert 175; deie esl*y*igna 410; serreie u 428. 639; suleie h*y*me 176 (in letzterem vor stummem h);

2. nach einfachem Consonanten: ariere enchaca 6. 38. *62*. 84. 135. 161; fole esperance 80; fole esbaie 154; c*y*r[r]e estra[i]er 303;

---

[1]) Der Hiatus, der in diesem Falle mit dem dem elidirten stummen e vorhergehenden Vokale entsteht, ist auch im Nfrz. gestattet, cf. Weigand § 313, 2.

bone ensei*[g]*ne 171; une estree 466; sire Isembart 509; dame, Isembart 635. 652; bel*[e]* herbe 56 (in letzterem vor stummem h);

3. nach doppelter oder mehrfacher Consonanz, sowie mouillirtem n
 a) nach doppelter Consonanz: terre et 175;
 b) nach Muta cum liquida: nostre emperere 448. 493; ceindre espee 488; Cirencestre a 472; vostre amyr 653; maistre Isembart 561. 564; cyntre orient 659; ensembl*(e)*' od 105. 615;
 c) nach mouill. n: l'ensei[g]ne al 288; l'ensei(n)[g]ne al 275;
 d) nach anderweitiger mehrfacher Consonanz: teste en 55; geste a 146. 330; geste et 418; teinte et 483; lance enqyarteree 503; gesqu'al 128. 184. 394; desqu'al 619.

189 *qui fut par force en cruiz mis* wäre nur richtig, wenn man Hiatus zw. *force* und *en* annähme; ich habe nach 642 den Artikel eingeschoben. Ebenso konnte V. 561 *mes nen ateinst mie en char* der Hiatus nicht zugelassen werden; auch hier ist (nach Vers 74) der Artikel la hinzugefügt.

Für den Gorm. kann ich constatiren, dass überall Elision des auslautenden e mehrsilbiger Wörter vor vokalischem Anlaut, selbst nach mehrfacher Consonanz, stattfindet. Nicht so in anderen Denkmälern (vgl. Mall, Computus S. 31 Z. 6 ff.).

Erklärungen für den Grund einer Möglichkeit des Hiatus finde ich bei Diez (Altr. Sprd. 99 f.), Hofmann (Amis et Amiles und Jourdains de Blaivies 1852, Anm. zu Jourd. Vers 1223) und Mall (Computus S. 31 f. Diez (a. a. O.) sagt: „das auslautende accentlose e sei nichts anderes, als eine plattere Form für das provenzalische oder ursprüngliche a." Hofmann findet den Hiatus bei tonlosem e „nach muta cum liquida" (Jourd. 1223 nach maitre, 1501 nach siecle, 3130 nach iestre), und erklärt sich denselben daraus, dass „die Dichter dieses e vor folgendem Vokale so gebraucht hätten, als ob es zw. den beiden Consonanten gestanden hätte und dass sie dadurch Elision oder Hiatus vermieden hätten." Mall (a. a. O.) findet an 9 Stellen im Computus Hiatus nach dem stummen e eines mehrsilbigen Wortes. 1251. 1348. 2223. 3072. 3156 ist eine Änderung unmöglich, in den übrigen Fällen 1062. 1885. 1923. 3073 würde sie dem Zeugniss aller übrigen Handschriften widersprechen. Er entscheidet sich daher für die Zulässigkeit dieses Hiatus im Computus. Auch hier sind es meist Fälle, wo muta cum liquida dem tonlosen e vorhergeht, ausgenommen 1251 Bede, 1923 Rume, 1348 signe, 3156 epacte. Mit der von Hofmann gegebenen Erklärung dieser Erscheinung, des Hiatus nach Feminin-e mit vorhergehender muta cum liquida, erklärt sich Mall nicht einverstanden, er meint vielmehr, „e habe in diesen Fällen einen festeren und schwereren Laut gehabt als sonst, darauf deute auch die Schreibung a statt e, die sich in der Hs. L. des Alexis (Paris pag. 55) unter denselben Bedingungen (nach mehrfacher Consonanz und nach einfacher, wenn lat. a vorliege) finde." Doch dies sind ja gerade die einzigen Fälle, wo tonloses e im Auslaut überhaupt auftreten kann, vorhergehende mehrfache Consonanz und ursprüngliches lat. a. Lediglich die Consonantenhäufung kann vielmehr die Veranlassung sein, dass man gelegentlich das auslautende tonlose e eines mehrsilbigen Wortes nicht elidirte; Eigennamen aber konnten auch ohnedies eine Sonderstellung einnehmen.

Ich benutze die Gelegenheit noch Einiges über den Hiatus dieser Art in der Chanson de Roland nachzutragen.

G. Paris (Alexis 31. 131) bemerkt, im Alexis sowie im Roland habe stets Elision des tonlosen e mehrsilbiger Wörter stattgefunden. Indessen findet sich an einigen Stellen Hiatus, der freilich von den Herausgebern zum Theil getilgt ist. Löschhorn S. 8 f. und Hill S. 18 sprechen sich für Elision und damit für Änderung des Textes an diesen Stellen aus.

2180 des Oxforder Textes der Chans. de Roland lautet *jo'es voeill aler querre e enterc[i]er*, wo Mi.[2] B. Löschh. Mü.[3] *[e] querre e enterc[i]er* schreiben.

2211 *por orgoillos veintre e esmaier.* Böhmer, Löschhorn, M.[3] schieben *e* vor *veintre* ein. Während Mü. u. Böhm. mit Génin 2213 als Wiederholung streichen, belässt Gautier diesen Vers *e por glutuns veintre e esmaier*, und setzt statt 2211 *e pur osbercs derumpre e desmaillier*, d. h. den entsprechenden Vers von P. ein. Eigenthümlich ist, dass Vn. wie O. den Hiatus in 2211 bietet, nur nach einem anderen Worte, gleichfalls aber nach muta cum liquida; nämlich: *e pur osberg rompre e desmaier.* Ob man Recht daran thut, 2180 und 2211 durch Einschiebung eines e von dem Hiatus zu befreien, will ich nicht entscheiden (Vn. würde für Beibehaltung sprechen), möchte aber darauf hinweisen, dass vielleicht von syntactischer Seite eine derartige Änderung bedenklich erscheint. Einer derartigen Disjunction e — e nach der Präposition *pur* oder nach dem Inf. *aler* begegnet zu sein, erinnere ich mich nicht.

Auch wo *milie* in der ChdR. im Hiatus steht, ist nicht so ohne Weiteres mit G. Paris (Romania II. 106. 261) und Hill (Metrum S. 18) durch einfache Einschiebung eines d' zu helfen.[1]) Es sind dies die

---

[1]) G. Paris beruft sich für seine Emendation auf Vers 3019, wo *vint milie de Francs* stände; es steht aber *.XV. milie de Franceis* (schr. *Francs, ei* ist von

Verse 913. 2777. 2997. [2777 hat P. Tirade CCLI: .XX. *M. d'adoubez.*]
Vielmehr wird, wenn wirklich der Hiatus beseitigt werden muss, am
leichtesten mit Löschhorn (S. 8—9) *millier d'* an diesen Stellen eingesetzt. Auch 1041 (von G. Paris unbeachtet gelassen) schreibt Löschhorn milier [Mü.³ bien c. milie]. 3219 (wo P. Tirade 284 *millier* geschützt ist durch ie-Ass.; ebenso Tir. 273 *M = millier* in gleicher Ass.)
scheint die Handschrift *L*, d. h. *cinquante* zu haben, s. Gautier's Anm.
[Hartmann liest mit Sicherheit so] und vgl. Löschh. S. 9.

Ich will noch kurz einige andere Fälle des Hiatus in der Chanson
de Roland erwähnen. 550 wird Hiatus nach *merveille* nicht zugelassen
von Hofm., Böhm., Gaut. [Mü.³]; 2546 hat B. u. Ga.⁵ n. éd. class. *Carlemagne* im Hiatus, B.² [auch Mü.³] setzt *Charlemagnes* als Vocativ ein;
3536 wird der Hiatus nach *Carle* durch Einsetzung der gebräuchlicheren Obliquusform *Charlun* getilgt. Nun noch ein Fall. Nach *ensemble*
nehmen B. u. Ga.⁵ (auch éd. class.) 104. 175. 3286 Elision an *[ebenso
ist es im Gorm.]*; 3781 aber lassen B. u. Ga.⁵ im 2. Hemistich *ensemble
i out trente* Hiatus stehn; G. Paris (Romania II. p. 106) hat sich dagegen ausgesprochen. Hier scheint Hofmann Vers 3867 das Richtige
zu bieten, wenn man die Angabe Müller's zu 3781 berücksichtigt, dass
nach *ensemble* eine Lücke von 3 Buchstaben etwa sich befinde; derselbe
liest *ensemble lui out trente*. Doch in bezeichneten Fällen sich, ehe
noch eine eingehendere Untersuchung des fraglichen Hiatus angestellt
ist, für Beseitigung desselben zu erklären, scheint, wie schon bemerkt,
noch nicht gerathen; vielmehr wird man annehmen müssen, dass in der
That in gewissen Fällen nach tonlosem e nach mehrfacher Consonanz
(besonders nach muta c. liquida) in mehrsilbigen Wörtern der Hiatus
gestattet war; dies scheint mir auch nach mouillirtem n (vgl. Computus
1348 *le sist signe*¹) *e mistrent*) und l (dazu rechne ich *milie*) der Fall
gewesen zu sein.

**D. -e (lat. at) in den 3. Perss. Sg. Praes. Ind. der I. u.
Conj. der II. III. IV. Conjug.** Für die *3. Pers. Sing. Praes. Indic.*,
der von der *lat. 1. Conjug.* und *Conjct.*, der von der *lat. 2. 3. 4. Con-*

---

fremder Hand) [P. CCLXVIII hat .XX. *mille Franc*], also wohl *milier* (r statt s)
zu lesen. — Der Gebrauch der Präpos. de nach der einfachen Cardinalzahl milie
scheint mir nicht nachgewiesen. [Vgl. Mü³ zu 913.]

¹) Als Beleg für diesen Vers könnte ich noch aus dem Chevalier au lyon
(ed. Holland) Vers 106 *mes qui veigne et qui que voise* citiren. Allerdings wäre
durch Einschiebung von *que* nach dem ersten *qui* der Hiatus nach *veigne* leicht
zu beseitigen. Die Vaticana [s. Keller Romvart S. 549 Z. 19] bietet *mes que qua
uscique ne que voise [sic]*.

jug. abgeleiteteten Verben *auf e* (lat. *at* entsprechend) müssen wir eine zwiefache Behandlungsweise annehmen (vgl. Paris, Alexis p. 34; Hill, Metrum S. 24 ff.). *Elision* findet sich im Refrain 8. 40. 64. 86. 137. 163: Nem la li baillè un tuenard; ferner 25 Gormund li lance un dard trenchant (hier konnte das tonlose auslautende e auch als überfliessende Silbe im ersten Hemistich angesehen werden); 320 e Hue puint e broche e fiert; 591 e Isembart lur crie et dit; 452 que il se cuide esragier vi[s].

Hiatus muss zugelassen werden 211 queque m'en deie avenir. Zweifelhaft kann man sein bei 149 Gormund li lance une guivre. Sieht man aber 25 Elision des e in lance und vergleicht damit 75 Gormund li lanca une tambre, so wird man sich auch bei 149 für Beseitigung des Hiatus nach dumpfem e durch Einsetzung von lanca entscheiden müssen. [G. Paris, Romania V., p. 379 zu 149 nimmt 211 und 149 Hiatus an, der Schreiber habe auch sonst oft das Präsens in das Perf. verwandelt, um den Hiatus nach diesem stummen e verschwinden zu lassen.] Vers 169 le hauberc desmaele et rumpi ist wegen der nothwendigen Elision von e in le vor hauberc eine gleiche Änderung (Einsetzung von desmaela für desmaele) am Platze. Auch die Consecutio temporum fordert diese Form. (Man vgl. 457 l(e)' hauberc desmaela et malmist.)

Vers 21 le hauberc desmaele et dement; da l'hauberc zu schreiben, wäre Hiatus nach desmaele anzunehmen; man wird aber, wenn man diese Stelle mit den übrigen vorher besprochenen vergleicht, sich lieber für Elision erklären; ich habe daher li vor desmaele eingeschoben.

E. Hiatus und Elision nach einsilbigen Wörtern. Das tonlose e in den einsilbigen Wörtern **de** und der Partikel **ne**[1]) ist im Gormond stets elidirt. *d'* 69. 71. 78. 182. 304. 316. 338. 350. 502. 517. 521. 550. 555. 577. *n'* 4. 49. 59. 110. 133. 188. 195. 216. 230. 271. 331. 359. 367. 419. 439. 450. 479. (Über Inclination des Artikels und Pronomens an de und ne s. S. 532.) Ebenso ist es mit dem Präfix re in ravrez 181; rav(e)rez 273 und rest 463. 285.

Den männl. Artikel im Rectus sing. **li**[2]) oder **le**, im Obl. sing. **le** und den weibl. im Obl. sing. **la** finden wir im Gormond in folgender Weise behandelt: **li** *(Rect. sg. masc.)* li estur 9. 87. 112. 599; li *Arabi* 186; li espié 396; li uns 622; dagegen *l'* im gleichen Casus l'estur 164. 514. 583; l'empe(r)rere 212. Danach wäre für den Rect. sing. masc.

---

[1]) Nicht die Partikel ne, sondern die vollere Form nen nehme ich an und schreibe sie statt n'en bei R. [u. S.] 23. 95. 176. 246. 260. 376. 568 und statt ne n' bei R. [u. S.] 125. 268.
[2]) li im Plural kommt im Gorm. nicht vor.

schon eine doppelte Form anzunehmen, einmal li und andererseits le; denn das i von li konnte nicht elidirt werden.

le (Obl. s. m.): le [h]ermin 443; le Arabi 446; dagegen l'escu 168. 456; l'espie 170. *[182]*. 297. 458. 564; l'empe(r)rere 178; l'autr[i]er 348; l'autri[e]r 242. 271; l'estriu 552; l'estųr 556; l'enchauz 627; l'alq[u]etųn 271 (heute hoqueton mit aspir. h.); ferner ist l'hauberc st. le hauberc zu lesen 21. 124. 401. 457. Der Obl. sing. masc. des Artikels ist also ausser vor ermin und Arabi immer elidirt; Arabi als Eigenname konnte besonders behandelt werden; vielleicht ist auch ermin gewissermassen als Eigenname zu fassen, es findet sich in anderen Denkmälern im Hiatus nach dem Artikel; ich ziehe die auch sonst übliche Schreibung mit aspirirtem h vor (hermine nfrz. mit stummem h).

la und sa finden sich nur vor aspirirtem h, nämlich 147. 233 la hanste und 52 sa hanste, sonst hat immer Elision des a stattgefunden: l'abbeie 142; l'espee 227 ¹). 234; l'ensei(n)[g]ne 288; l'ensei[g]ne 275; l'[h]onųr 380; l'[h]onųree 477; l'[h]erbe 505.

Die Pronomina **me, te, le, la, se** haben, wenn sie dem Verbum voraufgingen, immer ihren Vokal vor folgendem vokalisch anlautendem Worte verloren; le dem Verbum nachgestellt, steht einmal im Hiatus 312 sai(s)sist le as resnes d'orm[i]er; in diesem Falle ist das e nicht tonlos, sondern hat einen festeren Laut. Die Beispiele der Elision in vorbenannten Fällen sind: l' = le 54. 98. 99. 109. 128. 180. 185. 190. 196. 202. 235. 236. 237. 250. 252. 284. 295. 332. 391. 460. 501 (l. l'i st. li bei R. S.). 528. 529. 544. 551. 553. 559. 577. 626. — l' = la 476. 483. 486; — m' = me 208. 221. 374. 378; — t' = te 265; — s' = se (acc. s. m.) 2. 32. 35. 82. 111. 131. 154. 158. 255. 304. 313. 337. 384. 400. 407. 408. 411. 580. 658; (acc. pl. m.) 421. 449. 518. 522. 584. 604. 610; (acc. pl. f.) 77. 151.

Das **Pronomen li** ²) büsst seinen Vokal ein nur vor en 97 sųr sųn helme l'en dųna treis; im Übrigen findet nie Elision statt, so 22. 57. 124. 168. 301. 345. 385. 456. 565.

jeo und **ceo** finde ich vor folgendem Vokal an folgenden Stellen:
    350 jou aportai la nef d'ormier;
    351 cele mis jou a Saint Richier;
    428 que jeo i se(r)reie o pris o mort;
    241 c'est Huelins qui vųs meisele.
Über Vers 46 s. Anm.

---
¹) zu 227 s. S. 518 f.
²) Das conjunctive Pronomen li (eigentlich lui) steht im Gorm. im Hiatus 101. 467.

428 hat man wegen der sonstigen Übereinstimmung von 423—425 mit 629—631 das i zu tilgen. 630 lautet: que jeo se(r)reie o mort o pris.

351 ist jou dem Verbum nachgestellt und konnte daher seinen Vokal nie verlieren.

350 könnte viell. jou = jo li sein, so z. B. St. Léger 19, 2.4. (Ich schreibe überall jeo, nur *369* ieo.) Nach jeo ist also Elision im Gormond noch nicht eingetreten. Anders nach ceo.

241 c'est [S. will cist lesen, R. F. P. hingegen gleichfalls c'est]. Wir werden also Elision anzunehmen haben; darauf weist schon die Schreibung; wenn ceo oder co[1]) dastünde, so könnte man zweifelhaft sein, ob man sich nicht für Aphärese des e von est entscheiden solle. Aphärese des e von est und von en findet sich aber sonst im Gorm. nicht. Wie Löschhorn S. 12 weder Elision noch Aphärese, sondern einen „Mischlaut" erkennen kann, ist nicht abzusehen; mir scheint eine derartige Erscheinung nicht nachweisbar. Offenbar müsste nach seiner Erklärung o und e einen Diphthong bilden, doch ist davon nirgends eine Spur zu entdecken. Aber auch nicht Elision des o, wie Mall (Computus S. 33) annimmt, möchte ich zulassen; vielmehr möchte ich mit Hill glauben, dass zwei Formen neben einander existirten, die eine noch mit vollem, die andere schon mit geschwächtem tonlosem Vokale. Ebenso erkläre ich (S. 528) den Hiatus nach dem Pronomen le.

Das Relativpronomen im Nom. Sing. Masc. u. Fem. **qui** [der Nom. Plur. kommt zufällig so nicht vor] zeigt Hiatus in folgenden Versen: Rect. s. masc. 130. 348. 549. 637 und fem. 58. 240. Vers 30 zeigte bei R. qu';' die Handschrift bietet aber schon das richtige qui. Mit R. durch Einsetzen von qu' das richtige Versmass herzustellen, wäre verkehrt; vielmehr ist die in älterer Zeit weniger übliche Form *munde* in *mund* zu verwandeln. Sollte man aber dennoch geneigt sein, den Vers mit R. zu bessern, so könnte man wiederum nicht das i von qui elidirt sein lassen, sondern hätte — Mall, Computus S. 34 äussert sich in gleicher Weise — auch hier Doppelformen qui und que anzunehmen, deren letztere ihr tonloses e vor folgendem Vokal einbüssen konnte.

Die Nichtelision nach dem Acc. sing. masc. des Interrogativpron. ist wie 580. 581, wo beidemal ki il steht, auch 44 qui [il] und 616 qu[i] il einzuführen; damit ist zugleich das Metrum berichtigt.

Bei dem Neutrum des Interrogativpron. **quei** kann natürlich nur Hiatus statthaben, so 633.

---

[1]) ceo an neun Stellen, co (46) 534, ge 598 (l. ce ke st. geke).

Die Conjunction si [1]) (= lat. sic) steht gleichfalls immer im Hiatus 648 si aiez, 627 si unt und 329 si ert.

Die einsilbigen Wörtchen que (Conjunction und Obl. des Relativpron.), se (lat. si) und ne (Conjunction = lat. nec) nehmen eine Sonderstellung ein in Bezug auf das Verhalten zu Hiatus und Elision. Sie gestatten beides neben einander. Statt *que* findet sich in der älteren Zeit auch *qued*, *quet* und *quid*, Formen die geeignet waren, den Hiatus verschwinden zu lassen. Offenbar nur durch Übertragung dieser Erscheinung und aus euphonischen Gründen schrieb man auch *sed* und *ned* neben *se* und *ne*. Aber man darf keineswegs überall, wo wir bei diesen Wörtchen Hiatus finden, die consonantisch auslautende Form derselben einsetzen. Vielmehr scheint mir für die Erscheinung, dass bei denselben bald Hiatus, bald Elision auftritt, H. Prof. ten Brink in seinen Vorlesungen den richtigen Grund aufgestellt zu haben; er sucht ihn in der Verschiedenheit der Qualität des Vokals. Wir haben auch hier, wie dies schon früher für andere Wörter geschehen ist, die Existenz von Doppelformen mit verschiedenem Vokal anzunehmen. Gehen wir von der Conjunction *ne* = lat. *nec* aus; *ne* = lat. *non* erscheint stets elidirt, da mit tonlosem e. *Nec* musste eigtl. *nei* ergeben — dieses findet sich in *neient* —, und daraus konnte dann nfrz. *ni* werden. Ebenso hätte sei aus si werden müssen; nimmt man für *que* nicht *quod*, sondern *quid* als die ursprüngliche lat. Form an (Diez, Gr. II. 487), so schliesst sich dieses vollständig dem lat. *nec* und *si* an; denn *quid* konnte fzs. zunächst nur zu *quei* werden. Erst durch eine Zwischenstufe konnten aber *nei*, *sei* und *quei* zu tonlosem e, das elisionsfähig war, gelangen. Wo *ne*, *se*, *que* sich also noch im Hiatus befinden, werden wir Formen mit dem volleren Laut des e vor uns haben; wo aber Elision stattfindet, müssen wir schon eine Verflüchtigung desselben erkennen.

que (Conjunction) im Hiatus 17. 60. 120. 312. 398. 452. 640. [82 beseitigt.]

qu' (Conjunction) 20. 28. 51. 192. 232. 249. 296. 306. 314. 321. 332. 395. 535. 575. 654. 657.

k' (Conjunction, l. qu') 123. 153. 191. 295. 298. 387.

que (= quam obl. s. f.) im Hiatus 171.

qu' (= quem) 402.

k', l. qu' (= quas) 607.

se im Hiatus 31; *s'* 576. 305.

ne im Hiatus 266. 440.

---

[1]) Über Inclination an si s. S. 532.

[Böhmer bemerkt hierzu Folgendes. Nęc ergab nęi, woraus einerseits ni (vgl. Stud. I., 606. 609), andrerseits ne. Quid ist allerdings quę, quei, quoi geworden, aber das Relativum und die Conjunction que können meines Erachtens niemals diphthongirt gewesen sein. Was die Conjunction sę betrifft, so ist es angesichts der Thatsache des fzs. si, nicht wahrscheinlich, dass sie zu der dumpfen Lautung übergegangen, die jetzt das Pron. se hat. Letzteres lehrt, dass auch ein ganzes Wort unbetont sein und dadurch der Diphthongirung entgehen kann. Es will mir nicht indicirt scheinen, Doppelformen, wie sie bei den Pronomina vorhanden sind, z. B. se und sei, jenes unbetont, dieses betont, auch bei Conjunctionen anzunehmen, diese zeigen sich vielmehr stets nur mehr oder weniger unbetont. Und da das a des Artikels ohne Weiteres ausfallen kann, so ist nicht einzusehen, warum nicht ebenso leicht jedwedes unbetonte e.]

F. Inclination. Eine besondere Art der Elision ist die Inclination (vgl. Mall S. 35), d. h. die Anlehnung eines einsilbigen consonantisch anlautenden Wortes, dessen Vokal aber nicht auf lat. a beruhen darf, an ein vorhergehendes vokalisch, aber nicht auf tonloses e auslautendes.[1]) Inclinirt sind im Gorm. der **Artikel** und die **Pronomina** le und les, und zwar nur nach Monosyllaben; in anderen Denkmälern kommen noch dazu **me, te, se** (auch wohl de?). In Bezug auf die Schreibung schliesse ich mich Mall (S. 35) an, schreibe also die inclinirten Wörter mit dem vorhergehenden zus. [Ebenso Scheler.] Dies scheint mir besonders deshalb das Richtige zu sein, weil wir die beiden betreffenden Wörter häufig in eines verschmolzen sehen; so im Gorm. *au, as, des, el, nu*. Inclination lasse ich aber nur zu, wenn das inclinirte Wort vor einem konsonantisch anlautenden steht; beginnt dieses vokalisch, so nehme ich Elision an, schreibe die Wörter also getrennt. So auch Mall a. a. O. [ebenso Scheler].

Anlehnung des Artikels findet statt an die Präpositionen **a, de** und **en**:

al = a le 18. 49. [71.] 107. 128. 183. 184. 199. 201. 226. 230. 252. 275. 288. 293. 297. 299. 341. 368. 394. 402. 432. 463. 535. 541. 551. 553. 619. 623.

au = a le, l. al 143. 629. 646.

as = a les (Masc.) 58. 284. 305. 544.

---

[1]) ChdRol. éd. Ga.³ 416 *salvez seiez d' Mahum* oder 2001 *ja est c' Rollanz*, sowie 81 bei B. *a Charlemagne l' rei* [B.² *Charlemagne le rei*] und 959 bei B. *quand ele l' veit* sind unzulässig.

as = a les (Fem.) 224. 316.
del = de le 139. 251. 272. 300. 364. 377. 382. 393. 399. 404. 453. 460.
des = de les (Masc.) 16. 461. 594.
el = en le 13. 28. 30. 116. 207. 235. 295. 296. 344. 525. 546. 624. (380 en l'onur, 556 en l'estur: vor Vokal hat also die Verschmelzung noch nicht stattgefunden. Vgl. en l'arson RdR. Tir. 89; s. Mall S. 35.)

Nicht Inclination, sondern Elision ist anzunehmen, daher a l' = a le vor Vokal zu schreiben 423. 506. 527. 538 und de l' = de la vor Vokal [ebenso Scheler] 76. 172 (an beiden Stellen hat Reiff. del) und 147. 323 (schon bei Reiff.).

Inclination des Pronomens le finde ich im Gormond nach ja (jal [ebenso S.] ist 636 statt des völlig unberechtigten ja 'l bei Reiff. zu setzen), ferner nach ne und si (= sic).

nel [ebenso S.] = ne le lese ich statt n'el bei R. 45. 105. 209. 210. 222. 223. 312. 387. 389. 448. 575. 576. 582. 601. 617. 619. Verschmelzung hat stattgefunden 511 in nu.

sil [ebenso S.] statt si'l bei R. 231.

sil [ebenso S.] statt s'il bei R. nehme ich an 19. 50. 122. 183. 294. 342. (54. 235. 391 l. si l' st. si'l bei R.; S. si l'.)

Einmal 611 erscheint das Pronomen les inclinirt, und ist daher sis [ebenso S.] statt si s' bei R. zu lesen.

Aphärese ist anzunehmen 281, woselbst nicht i an mit R., sondern mit S. jan einzusetzen ist; ich las Anfangs jal.

G. Zusammenfassung. Als Resultat der vorhergehenden Untersuchung über Hiatus und Elision im Gormond glaube ich Folgendes hinstellen zu dürfen:

Hiatus ist gestattet zwischen allen Vokalen und vor aspirirtem h, abgesehen von tonlosem e im Auslaut eines Wortes; dieses ist der Elision unterworfen im Auslaute mehrsilbiger Wörter vor vokalischem Anlaut in jedem Fall, mag demselben einfache oder mehrfache Consonanz [auch muta cum liquida] vorhergehen. Dasselbe gilt von dem e in der 3. Pers. sing. praes. Die einsilbigen Wörter de, ne (= lat. non, Negationspartikel) und das Präfix re verlieren stets ihr e vor folgendem Vokal; ebenso die Pronomina me, te, le, la, se, wenn sie dem Verb. voraufgehen; le, dem Verbum folgend, behält 316 seinen volleren Laut. Der Obl. des Artikels Masc. sing. le sowie la, sa zeigen stets Elision ihres Vokals; für den Rect. sing. masc. sind zwei Formen anzunehmen, li, das den Hiatus duldete, und le, dessen e elisionsfähig war; [da aber li bedeutend öfter vorkommt, so glaubte ich am besten auch le im Rect. schreiben zu müssen]. Qui befindet sich stets im Hiatus. Fakultativ ist die Elision nach que (Conjunction und Relativpron.), se (lat. si) und ne (lat. nec), für die Doppelformen mit vollerem und abgeschwächtem Tonvokal bestanden haben müssen.

Inclination (z. Thl. Verschmelzung) findet statt beim Artikel *le, les* an die Präpp. *a, de, en* [bei *en* noch nicht, wenn dem *le* ein Vokal folgt] und beim Pronomen *le, les* an *ja, ne, si* (= lat. si); Aphärese ist zu constatiren bei *en* in *jan* 281.

H. Hiatus und Elision innerhalb eines Wortes.

ion als Nominalendung ist zweisilbig in *espaciun 269*.

iez in der 2. Pers. plur. impfct. Ind. ist zweisilbig in *aviez* 481.

Die Nominalendung *ien* aus lat. *ianus* in *crestiens* 33. 417 bildet zwei Silben; *ien* dagegen aus *ganus* mit Erweichung des g nur eine Silbe in *paiens* an allen 12 Stellen.

Das Adverb *nient* 23, entstanden aus *nec-entem*, wird zweisilbig gebraucht.

Hiatus ist auch zu beobachten in Lo[e]vis, poün, Rüem, tüenard, Oriente, Oriante.

In dem 54 in e-e Assonanz überlieferten *heaume* ist Zweisilbigkeit von *eau* unzulässig; dasselbe ist in *helme* zu bessern. Ebenso ist 392 *que les heaumes ad tranchie* zu verfahren; der Plural ist hier unmöglich; ich schreibe daher *que l'helme [li] ad [de]trenchie*. [Förster, Rich. l. biaus zu 24 nimmt eau in heaume daselbst zweisilbig.]

V. Lautliches, bes. orthographische Eigenthümlichkeiten der Hs.

Indem ich mir eine genauere Darlegung der Lautverhältnisse vorbehalte, setze ich hier nur die Haupteigenthümlichkeiten der Hs. kurz auseinander. Die diakritischen Zeichen sind die in den Rom. Studien I., 599 f. angewendeten.

Vokale. Die Assonanzen und Reime sind in folgender Weise in dem Denkmal vertheilt: **a**: Reimpaare im Refrain 5—8, 37—40, 61—64, 83—86, 134—137, 160—163; Assonanz 15. 506—513; 18. 556—582. ā : 2. 9—36. — ā-e : 4. 65—82; 21. 609—612. — ę : 1. 2—4; 6. 112—133; 16. 514—536; 20. 599—608. — ę-e : 14. 464—505. — ię : 11. 299—417 (418. 419 mit ei sind Interpolation). — ę-e : 3. 41—60; 9. 217—254. — ei : 5. 86—111. — i : 8. 164—216; 13.

430—463; 19. 583—598; 23. 628—661. — l-e : 7. 138—159. —
— o : 12. 420—429. — ų : 10. 255—298; 17. 537—555. — u : 22.
613—627.

a: Weder betontes noch unbetontes a bietet zu besonderen Bemerkungen Veranlassung. [asart für essart 579, essez für assez 605, esteles für asteles 52, l'aspee oder la 'spee 227, d'aspee 502, l'asquiele oder la 'squiele 245.]

ä. P. Meyer, Mém. d. l. Soc. d. ling. I., p. 260 nimmt an, im Gorm. sei an und en noch getrennt gewesen. Tirade 2 bietet — (V. 11 u. 12 sind zu ändern, s. Anm.) — Vers 21 dement unter sonstigem an, Tirade 4 aber unter sonstigen an-e unter 18 Versen — (66 grant ist in grande und 77 alme in anme zu bessern) — 69 Oriente (neben Oriante 78), 71 fendre, 72 desconcendre und 73 prendre; ausserdem kommt 65 champaine und 612 compainnes vor. Danach dürfte man eher an eine Mischung von -an und -en zu denken haben (vgl. Studien I., 616). — A vor n und m ist geschrieben statt e in an 374, sanglant 339 (neben sanglent 465. 505, senglent R.), sanz (R. sans) 497 (neben senz 491). [Statt Isambart bei R. hat Ms. Isembart]; e vor n st. a in Normendie (R. Normandie) 140; ae st. e vor n in aen 14.

ą ist ausgedrückt durch e, nur 204 aveez durch ee [547 trovee R., trove Ms.]. Remis (R. remes) 516 ist in remes zu verwandeln. Zu beachten ist, dass Peiters, l. Peiteu, 114 u. (i)ert 527 in ą-Ass. erscheinen; 115 ist ert von mir zur Berichtigung des Metrums in der Assonanzstelle hinzugefügt. Auffallend ist, dass fiez, l. fiees, 471, dem der ią-Laut zukäme, und meisnee 475. 487 hier in ą-e assonirt. De 4. 132 in Assonanz erscheint in den übrigen 13 Stellen in der Schreibung Deu, welches von mir überall durchgeführt ist. 487 ist mit Böhmer menee statt meisnee zu setzen.

ią veranlasste zu zahlreichen Besserungen von e zu ie. Von den Assonanzwörtern sind hervorzuheben ieo 369 und die Perfectformen auf ie: abatie 343, respundie 354, purfendie 394, porsiwie 397, rumpie 412, vesquie 413 nebst den Conjunctivformen perdi[e]st 307 und venqui[e]st 371. Statt estrius 408 lese ich estri[e]ųs, ebenso innerhalb des Verses 552 estri[e]ų. Ebenso schreibe ich [S. gleichfalls] fieų, nicht fiev wie R.; den Triphthong ieu finde ich in mieuz 564 und führe ihn ein mie[u]z 103, mil[i]eu 567. Über 418. 419 s. Anm. — Die Schreibung schwankt zw. ie und e, indem erstere jedoch vorherrscht. Vers 242. 258 i statt ie in l'autrir neben l'autrer 348; ie st. e in tries 27 neben tres 56, l. tres.

ę. *Senestre,* das é haben sollte, assonirt auch hier 251 schon mit ę [Böhmer, Stud. III., 364]. *Heaume* 54 neben *helme* 235 in ę-e-Ass. ist in *helme* zu ändern, ebenso beseitige ich 392 *les heaumes.* *Für ai* + erweichten Palatallaut ist schon der ę-Laut anzunehmen, was aus den Assonanzwörtern *traite* 53, *treite* 234, *faire* 243. 248 ersichtlich ist. Statt *ai* begegnet die Schreibung *ei* in *feim, germein, maveisse, meisnee, meistre, remeindrez, seint, seinte, seisir, seissist, treite* und *e* in *eslesse, eslesce, fesant, guerres, mes, trest, tret, ver.* Überall setze ich hier *ai* ein. *A* statt *ai* in *adiez* 378.

ę. Den Laut ę, entstanden aus i in geschlossener Silbe, haben im Gorm. *cel, cele, espes, fresche, metra, vert.* Das dem anlautenden s impurum vorgeschlagene e, das den gleichen Klang hatte, trifft man in *espaciun, espee, espes, espié, espie, espuruns, esquier, estandart, estraer, estree, estriu, estrius, estur.* *Squiele* 245 hat noch kein prothetisches e angenommen oder ist *la' squiele,* oder *l'asquiele* zu lesen?

[Ausser in den von Böhmer, Rom. Stud. I., p. 599. 613 mitgetheilten beruht im Rolandsliede das e auf i in geschlossener Silbe in *selve* 3293 und *espes* 3529. Dass bisher noch in keinem Denkmale Tiraden mit diesem Klang im Reime oder in der Assonanz gefunden sind, ausser die von Böhmer aufgefundene 118. Tirade (nach der B.'schen Zählung), kann nicht auffallen, da die Anzahl der Wörter und Wortformen, die diesen Tonvokal hatten, verhältnissmässig gering ist. Selbst in Reimpaaren kommen sie nicht gerade häufig vor. Ich will bei dieser Gelegenheit auch die in der Vie du Pape Grégoire le Grand publ. p. V. Luzarche, Tours 1857, in Philipe de Thaun's Computus und im Bestiaire p. p. Wright vorkommenden Reimworte mit ę aufführen.

Im ganzen Grégoire, der 2808 Verse umfasst, finde ich nur folgende Reimpaare: männliche: *met* : *bersolet* **25,** 13 (= 577[1])); *tonelet* : *soavet* **26,** 9 (597); *petitet* : *vaisselet* **89,** 15 (2115); weibliche: *entremettre* : *mettre* **7,** 19 (151); *letre* : *metre* **23,** 11 (527); *contesse* : *messe* **55,** 23 (1307). *Ancelle* (hat, wie im Ital., ę) : *damiselle* **19,** 11 (431); *anceles* : *damiseles* **72,** 9 (1701); vgl. *damoisele* : *novele* **27,** 13 (625) und *damoisel* : *bel* **42,** 1 (973), sowie *damisels* : *isnels* **43,** 3 (999).

Im Computus: *ruelete* : *charete* 133 f.; *huretes* : *petitetes* 2069 f.; *atometes* : *huretes* 2321 f. 2389 f. 2479 f. 2490, 2489. 3116, 3115.

Im Bestiaire: *met* : *net* 1346; *met* : *petitet* 316; *met* : *bech* (Schnabel) 879; *oiselet* : *petitet* 997; *oiselet* : *oillet* (= Auge) 1167; *pudnete* (übers. mit dust) : *boete* (übers. mit mud) 325; *flurete* : *fossette* 474;

---

[1]) Die Ausgabe hat keine Verszahlen; diese sind von mir hinzugefügt.

florete : *paillete* 475; *petitete* : *puldrete* 535; *bestete* : *mustelete* 593; *bestete* : *serete* (übers. mit lizard) 636; *felunesse* : *larenesse* 977. Aber: *destre* : *senestre* 1223; *senestre* : *destre* 1224; *oisel* : *bel* 623. 1249. Aus allen drei Denkmälern sind dies die hier interessirenden Reime vollständig.]

Tonloses E. E tritt ein für jeden anderen Vokal in der dem Tonvokal unmittelbar vorhergehenden Silbe. Statt dieses e begegnet i in *chimins* 442 [*recet* Ms.; *ricet* R. 439]. Umgekehrt ist i noch erhalten in *dimi* 405.

Stummes E. Stumm ist e und dient nur zur Bezeichnung des consonantischen Werthes von u in *aueras, aueres, raueres*; ich habe dafür v eingesetzt, ebenso in *auras, aures, raures* [desgl. S.]

Ei. Statt ei erscheint oi in troi 410 [*trei* R.], *lerroie* 209, [306 *lerreit* Ms., lerroit R.], dagegen *serreie* 428 und *serraie* 639 [serreie R.], einfaches e in *deprees* 653, *es* 11 [7 Mal *eis*] *ainces* 249. [526 *rei* Ms., *roi* R., überall sonst *rei*; 621 *treis* Ms., *tres* R.]

I. I in der Tonsilbe entsteht aus i in offner Silbe oder ẹ, zum Theil auch aus i in geschlossner. Zwei Silben vor der Tonstelle ist i zu e übergegangen in *crestiens*, unmittelbar vor der Tonsilbe ist e dafür eingetreten in *premier*, während i geblieben ist in *dimi, fini*; sonst pflegt man im Altfrz. in dem Streben nach Dissimilation *fenir*, aber *finer* zu sagen; im Gorm. *finir* u. *finer*. I statt *ie* ist geschrieben in *l'autrir* 242. 258. Von den in i-Ass. stehenden Wörtern hebe ich *iceli* heraus.

y als Vokal begegnet nur bei R. in *Tiery* 47; Ms. hat *Terri*.

o. Der aus lat. o „in Pos." und aus au entstandene Laut bietet hier keine Besonderheiten. Die Schreibung ist stets o; *or* und *ore[s]* (Adv.) sind nach Böhmer [Stud. III., 137] = *ad-horam*; vgl. prov. *aor* im Reime mit *desonor* Bartsch, Chr. prov., p. 167, 3.

Den Diphthong oi [statt hdschrftl. ui] habe ich angenommen in *pois, poisse, poissies; voil* schon in der Hs. 35. 82. 158 [*vol* R.].

Die Schreibung des aus lat. ŏ entstandenen Lautes verdient besondere Beachtung. Es erscheint oe in *aloes* 166, aloes 435; *ue* in *quens* 67. 140; *o* in *dol* 3. 49, *pople* 644; *e* in *del* 132. 187. 468, *ove* 349 und *tus* 571. In *quor* 207 neben *cor* 199 ist der o-Laut anzunehmen. Man beachte *Eodon* 88. Statt *Geudon* [*Guedon* R.] 548 lese ich mit Förster *geudyn* = *geldun*.

U. Von dem Laut, der dem lat. u entspricht und stets mit diesem Buchstaben geschrieben wird, und von dem offnen o, das nie anders als durch o ausgedrückt ist, wird durch die Schreibung ein Laut unterschieden, für den bald o, bald u, auch ou gesetzt ist, in völlig willkürl. Wechsel der Schreibung für einen und denselben Laut. Hier galt es die Orthographie zu fixiren durch ein drittes Zeichen. Ich habe dasjenige gewählt, das Böhmer in seinem Rencesval angewendet hat. (Da für die versch. e-Laute die orthographische Tradition constant nur ein und dasselbe Zeichen e in Anwendung bringt, ohne einen Versuch zu machen, einen Unterschied der Lautung anzudeuten, so lag für den Herausgeber keine Nöthigung vor, diakritische Zeichen zum e hinzuzufügen.) Die Schreibung ou findet sich in *nous* 371, *toutes* 508, *souvie* 145 [nicht aber in *nous* 510. 590, *vous* 524. 542 und *pour* 633 wie bei R. Nie *eu*, das R in *seineur* 33. 491 statt hdschr. *o*, und in *leur* 591 statt *u* hat]. Ụ ist anzusetzen auch für diejenigen Diphthonge, in denen u der 2. unbetonte Vokal ist, wie in *Deụ, fieụ, estri[e]ụ, Jueụs*. *Doụs*, auch hier immer mit ou, reimt im Oxf. Rol. auf ụ. *Poụn* ist zweisilbig. Ụi kommt vor in *broine, puins, poin, point, poinst*. S. über ụ noch S. 539.

U entspringt aus lat. ū. Von den Assonanzwörtern sind zu beachten *un* und *l[u]i*, ersteres zum Beweis dafür, dass der Nasal noch nicht auf die Aussprache des u hier eingewirkt hatte, und letzteres dafür, dass im Diphthong *ui* in *lui* noch das u den Ton trug. Wir fanden oben schon *iceli* in i-Assonanz.

B. Consonanten. *Liquidae.* L hat sich erhalten in *al, alqeton, del, esbaldie, helme, pulcele*; in allen übrigen Beispielen ist es entweder ausgefallen, so in *cochent, deschevacha, enchaca, enchacerent, as, des, mies, mut* (18 Mal, nur einmal *mult*), oder in u aufgelöst, so in *au, auge, augies, auferant, auques, l'autri[e]r, l'autr[i]er, beau, chastiaus, chevaus, enchauca, enchauz, enheudi, esbaudi, faudrai, fous, hauberc, haut, haute, heaume, meudre, mieuz, nu, resaut, saut, soudees, vassaus* und *eus (= oculos).*

Mouillirtes l ist enthalten in *baillier, baille, bataille, bruilles, conseillier, envermeillie, esgenoillier, faillir, saillie, milliers, muillee, orguillos, gailart, vermeil, desmaele, desmaela*. — Eine einheitliche Schreibung habe ich nicht durchgeführt, weder in Bezug auf Beibehaltung, Ausfall oder Auflösung des l zu u, noch in Bezug auf erweichtes l. Doch habe ich überall *mụlt* geschrieben.

M mit n vertauscht, in *danpne* 125, wo zugleich Einschiebung von p stattgefunden hat [statt *canp* 28 bei R. zeigt das Ms. schon *camp*.]

N im Auslaut ist abgefallen in *char* und *jur*, im Inlaut nach m in *dame* 635. 652, woneben *Damneden* an fünf Stellen mit noch erhaltenem n. Von *mn* hat sich m erhalten in *dam* = damnum 24 und n in *dan* = dominum 327. 555. Aus n zu l übergegangen, aber zur Berichtigung der Assonanz wieder herzustellen ist n in *alme*, l. *anme* 77.

Assimilation von n an m beobachtet man in *emmi*, Verdoppelung von l in *allas* 426, von m nirgends (statt comme 229 und cumme 228 bei R. im Ms. nur einfaches m, statt cumme 355 im Ms. cum, l. cum[e]).

Mouillirtes n erscheint in folgender Weise behandelt: *sainnier, vergoinie, esloigna, compainnes, enginne, enseinne, puinnant, enseine, poinant, puinant, champaine, compainon, seinor*; ich habe die in *esloigna* beobachtete Schreibung durchweg angewendet. Zu beachten ist noch *broine*.

R erscheint häufig doppelt, wo man nur einfaches r erwartete und ein *r* daher zu streichen ist, *durra* (Perf.), *emperrere, guarri, garrant, guerres, irrie, virree, lerrai, lerroie, lerreit, serreie, serraie, serrunt* [s. Mall S. 111]. Umgekehrt ist für einfaches r doppeltes in *cure* (= lat. currere) 303 einzusetzen.

Dentales. Inlautende Dentalis ist ausgestossen *Jueus* 190, während in der Karlsreise *Judeus* geschrieben ist [s. Kochwitz, Überlief. u. Spr. der Chans. du voy. de Charlemagne, S. 58]. Nur in *quides* 191 hat sich die Dentalis inlautend noch erhalten.

Auslautendes t in Verbalendungen der 3. Pers., -et, -it, -at, sowie in den Ptcc. -et, -it, -ut ist durchgehends abgeworfen. Vers 98 *enclinat* und 236 *enclinot* trenne ich daher in *enclin at* und *enclin ot*. — Lat. *habet* erscheint als *ad* 25 Mal, als *a* 10 Male, *habuit* als *ot* alle 16 Male, nie als *od* [*apud* ist alle 5 Male *od* geschrieben], *fuit* als *fut* 24 Male, *fud* und *fu* je 3 Male. Ich schreibe überall *ad, ot [od = apud]*, und *fut.* — *Aït* 208 ist als Conj. von *aidier* aufzufassen, ebenso *ai* 221, daher *ait* zu schreiben. — Lat. *et* (= und) kommt meist *e* geschrieben vor, und habe ich daher durchweg diese Form in den Text eingesetzt.

Statt des handschriftlichen t in *dart, gailart, estandart, tuenart, Gormunt, grant, munt* (= mundus), *quant* (= quando) *vert* und *Isembart* ist von mir im Auslaut das ursprüngliche d wiederhergestellt.

s und z.

S vor muta ist geschwunden in *desconcendre* 72 [27 findet sich sogar *consent* = conscindit, was ich in *concent* gebessert habe. Vgl. im Ritmo Cassinese cendo = scindo, Stud. III., 146]. Erhalten hat sich s in *desrocha, deschevacha*. — *Treis* l. st. *treis* 385.

539

z vertritt gewöhnlich ts oder ds; wo die Dentalis im Obl. noch hervortritt oder hervortreten würde, habe ich das z belassen (so in *dolenz, serganz, morz, parz, costez, meiliez, aloez*, dazu noch der von mir eingeführte Cas. rect. *Gormynz, Isembarz, Bernarz, Ernouz*); wo dieselbe jedoch im Obl. schon völlig verstummt war, habe ich s für z eingesetzt, so in *affoles, armez, justez, reneicz, preisiez, traiz, entierz, gentilz, jorz*; umgekehrt war z für hdschr. s zu schreiben in *aloes, dars, grans, mors*; gänzlich zu tilgen, weil gegen die Regeln der Flexion verstossend, war z in *esjeunez, detrenchiez, lanciez, liez, passez, penez, turnez, vantez, chaitifz*; s streiche ich in *orresz* und *conquestisz*, vgl. zu letzterem *fortiz, Leutiz*. Zu bemerken sind die Advv. *einz, assez, mieuz*, auch *senz, suzcele*, ferner *enchauz, euz*. *Cryiz, vyiz* und *fiz* lasse ich mit z. Z steht für stz in *voz* 242. 472.

Palatales. c bleibt *k* in der Aussprache vor o und u; [vor a würde dies nur in *cambre* 74 nach R.'s Schreibung der Fall sein, schon deshalb ist S.'s Lesart *tambre* (c und t konnten in der Hs. leicht verlesen werden) vorzuziehen]; im Übrigen wird *c* vor *a* zu *ch*; ich schreibe daher *camp, campon, cambon, Campaneis, car (= carnem)* mit *ch*. Ich mache noch aufmerksam auf die Schreibungen *drescha, dresca; drescent, redrescie, eslesce* neben *eslesse, fresche, lascha, sachier* und *ge* = nfrz. *ce* [R. las *se*].

Für *qu* nehme ich an, dass das u noch gesprochen wurde — ich schreibe daher *qy* in *quant, quarrefor, quarrante, quart, quarters, enquarteree, quasse, quatre, quite*. Verstummt ist es jedoch schon in *que, qui* — darauf weist die Schreibung *ke, ki* — *quei, le quel*; für letztere beide ist analoge Behandlung mit *que, qui* anzunehmen; *Qaion, alqeton* lassen wegen des fehlenden *u* nach *q*, welches ich hinzufüge, ein Gleiches zu, ebenso *quor* neben *cor*. In *quens, quidez, squiele, quirrie* vertritt q ein c.

Inlautend begegnet *qu* in *venquist, vesquie; k* statt *qu* in *unkes*. Ich habe k überall durch qu ersetzt, q durch c, wo dieses im Etymon begründet war.

G ist ausgefallen in *Huon* und *Huelin*; in beiden ergänze ich es; über sonstiges g vor hellem Vokale und j lässt sich Nichts Bemerkenswerthes aufführen. In gu vor folgendem Vokale ist das u noch hörbar, ich schreibe daher *gy* und führe dies in die Wörter ein, die aus dem deutschen w entstandenes g enthalten. Ich schreibe *sang* statt *sanc*.

H ist, wo es etymologisch berechtigt ist, auch gegen die Hs., wiederhergestellt in *onur, onuree, ost, ostel, eir, oi, erbe*. In *ermin* habe ich auch gegen die Etymologie aspirirtes h, wie es so oft in anderen Denkmälern erscheint, hinzugefügt, um den Hiatus zu beseitigen. Inlautend ist, doch wohl gleichfalls zur Beseitigung des Hiatus innerhalb des Wortes, ein h im Ms. eingeschoben in *brahel* 184 (neben *brael* 394); man schreibe an beiden Stellen *braiel*.

Labiales. F aus p entstanden, erscheint in *prof, enprof,* aus v in *nef*; f ist aufgelöst in *estriu*, ausgestossen in *cers* (= cervus) und *nes* (= naves).

P ist geschwunden in *set* = septem.

Im Übrigen ist noch bei den Labialen die Bezeichnung des Consonanten v durch *ue* zu beachten. Siehe S. 536.

W statt v begegnet in *pursiwie* und *Lowis*; in *kaweron* ist w in *iu* zu bessern.

Allgemeines zu den Consonanten: In Folge der Consonantenhäufung ist in *forment* 199 das t geschwunden. — Über Gemination ist mehrfach oben gesprochen. — Metathese hat stattgefunden in *pernez* 382.

VI. Flexion.

Nomen. Dass die Flexionsregeln sich im „Gormond" nur zum Theil beobachtet finden, kann nicht auffallen, wenn man das Alter der Hs. berücksichtigt, da diese ja zu einer Zeit entstand, wo dieselben schon in Verfall gerathen waren. Zur Zeit der Entstehung des Gedichtes selbst waren sie noch in voller Wirksamkeit; dafür lassen sich folgende Verse anführen, die ohne flexivisches s metrisch falsch wären:

324 ceo fut damages et pechie
414 ceo fut damages et pechiez
358 de riches et de [bien] preisiez
606 se ne fussent barges et nes
621 les treis cuntes et le quart ducs
496 e les pelices engulees.

Ich habe im ganzen Denkmal die Flexion in gleichmässiger Behandlung durchgeführt und stelle hier kurz zusammen, wie die Hs. sich verhält und welche Verbesserungen vorzunehmen waren. In Bezug auf die theilweise Anwendung von z oder s als Flexionsbuchstaben verweise ich auf S. 539.

Die Flexion des **Artikels** s. Index s. v. li.

Substantiva. Die von der lat. 1. Decl., sowie die von der lat. 5. und den Neutr. im Plur. der 2. u. 3. stammenden *Feminina* zeigen, wie dies zu jeder Zeit der Fall war, im Sing. kein s, im Plur. aber sowohl im Rect. als im Obl. flex. s. Von aus der lat. 3. kommenden Feminina finden sich *Sg. R.* gent 79. 154. 473; sort? 426. *Pl. R.* mertez l. meities 395, nes 606. *Obl.* genz 520; honors 589; parz 508. *Sg. Voc.* gent 490. 593. Ich habe im Rect. Sg. und Voc. Sg. genz, sorz, genz geschrieben. — Das z gehört zum Stamme in den *Obl. Sg.* cruiz 189, voiz 2. 131. 489 und feiz 109, ebenso das x im *Voc. Sg.* genitrix 634. 651. — Sor 329 als *Obl. Sg.*, wo man serųr erwartete; letzteres habe ich mit leichter Änderung des Textes eingesetzt, s. Anm. — *Deie* = ital. dita, hat natürlich im Obl. als Pluraletantum 410 kein s angenommen.

Die *Masculina mit französisch festem Ton und gleichsilbigen Casus* haben im *Rectus Sg.* u. *Obl. Sg.* ein s, im *Obl. Sg.* u. *Rect. Pl.* dagegen sind sie *flexionslos*. [*Cors, cris, cris, cris(z), dis, gris, païs, sųrdeis* haben stammhaftes s.] Ich hebe die Verstösse mit den Besserungen heraus: *Rect. Sg.* espie[s] 396; escuier[s] 328. 549; estųr[s] 9. 87. 112. 164. 514. 583. 599 (stets ohne s); gailart l. gailarz 557; hauberc[s] 618; helme[s] 617; cheval[s] 311; chevalier[s] 325. 415; cųnseillier[s] 417; dan[z] 327; Deų[s] 109. 386. 59(?); Damnedeų[s] 582; pechie[s] 324. [414 steht pechiez]; rei[s] 29. 129. 224. 354. 360. 365. 369. 400. 554. 605 [reis als Rect. Sg. 154. 255. 388. 552. 612]; terrestre 228; vassal[s] 542. — *Obl. Sg.* brųillez l. brųillet 630; rei(s) 92. [431 ist reis als Obl. des Metrums halber zu streichen; sonst immer rei als Obl.] — *Rect. Pl.* arbalestrier(s) 318; archier(s) 319; chevalier(s) 587; crestien(s) 33; mill[i]er(s) 521; paien(s) 420. 508. 584. 601. 615; serganž l. sergant 319. — *Obl. Pl.* stets mit s. — *Vocativ Sg.* amire[s] 530; Deų[s] 364. 641; pauten[i]er[s] 356; rei[s] 346. 470. 480. 530. 540. [In garz ist das z stammhaft.] — *Voc. Pl.* paien(s) 438. 513. 592.

Masculina von lat. -er treten im *Rect. Sg.* immer ohne s auf, pere 561. 562. — in letzterem Verse würde peres nur möglich sein, wenn il gestrichen würde, was doch zu gewagt wäre — und *Voc. Sg.* frere 213. [maistre 561. 563 kommt nur im *Obl.* vor.] Pere 218 *Rect.* oder *Obl.*?

Fiz finden wir im *Rect. Sg.* 329 und im *Obl. Sg.* 12. 276. 289. 653; aber im Voc. Sg. fil 202; letzteres von fili; hier musste das i fortfallen, während bei filius, filium das i zu y, und daraus s wurde.

Fester Ton mit ungleichsilbigen Casus. Lat. comes ist wie in anderen Denkmälern behandelt: *Rect. Sg.* cųens 67. 140, *Obl. Sg.* cųnte 114, *Obl. Pl.* cųntes 621.

Lat. hŏmo erscheint im Gorm. im *Rect. Sg.* als hųm 533. *539*, *Obl. Sg.* hųme 176. (222). 307, [hom 533 als *Obl. Sg.* ist zu streichen] und *Rect. Pl.* hųmes 373.

Wörter mit beweglichem Ton: Rect. Sg. ber 129. 534; niez 329; emper(r)ere 212. 500, sire 141. *Obl. Sg.* barųn 262. 549; barųn 275. 288; cųmpai[g]nųn 273; Creatųr 541; sei[g]nųr 333. 492; aber emperere *493*, ebenso 178. 444; beide Male liess sich empereųr einsetzen. *Rect.* oder *Obl. Sg.?* ancestre *218. Voc. Sg.* ber 374. 378. 531. 540; emperere 470. 480. 484; sire 346. 509. *Rect. Pl.* felųn 278, aber felųn(s) *291*, cųmpai(n)[g]nes 612. *Obl. Pl.* cųmpai(n)[g]nes 362. *Voc. Pl.* felųn(s) 592.

Die *Personennamen* erscheinen im Gorm.; ausser wo s zum Stamme gehört, immer ohne dasselbe, auch im Rect., nur Miles 557 und li Margariz 627. [daneben le Margari 422. 436. 451. 462] haben das flex. s im Rect. Sg.

Personennamen mit beweglichem Accente sind im *Rect.* Hue[s] 283. 313. 320. 323; Miles 557; dagegen Huųn 234. *286* und Hugųn *270*. 299. *Obl.* Charlųn 276. 289; Eodųn 88; Geudųn l. geudųn s. Anm. 548; Hugųn 547. 555; dagegen Hue 349. *Voc.* Hugųn *257*.

Von *geographischen Namen* ist anzuführen: *Rect. Sg.* arabi 186; sarrazin 636; *Obl. Sg.* regelmässig; *Rect. Pl.* Arabi(z) 433; Sarrazin(s) 448, (dagegen 501 Sarrazin); Persanz l. Persant 433; Turz l. Turc 433. *Voc. Pl.* Sarrazin(s) 592.

Adjectiva. Im *Rect. Sg.* erscheint ausser in dolenz 363 [in orguillos 355 u. pruz 218. 220. 543 gehört s und z zum Stamme] nie flexiv. s. *Voc. Sg.* beau[s] 213; bon[s] 484; cųnquesti(s)z 593; dreitur[i]er[s] 346; gentil[s] 516. 531; peneiez l. reneies 586. *Rect. Pl.* dolenz l. dolent 291; fou(s) 190; lie(z) 290; aber schon dolent 278, lie 277. *Obl. Pl.* ausser sanglent, l. sanglenz 505, stets mit s oder z. *Voc. Pl.* chaitif(z) 438.

Von *Adjectiven mit beweglichem Accente* ist nur lat. melior vertreten: *Rect. Sg.* meudre 29. 129. 542; *Obl. Sg.* 533 meudre ist von mir in meillųr geändert.

Congruenz der Participien. Hinsichtlich der Congruenz der Participien führe ich nur diejenigen Fälle auf, die deutlich die Befolgung der für sie geltenden Regeln aufweisen oder welche dieselben offenbar vernachlässigt erscheinen lassen.

Das Particip congruirt nach estre mit dem voraufgehenden Subjectscasus:

253 tute est muill[i]ee la suzsele; 479 ert terre conquestee; 478 tele no fut de mere nee; 150 li est saillie; 372 fussent mort.

Die Congruenz ist nur zur Hälfte durchgeführt:
363 fut dolenz et esmaie[s]; 599 traivaill[i]e sunt et pene(z).

Sie ist unterlassen nach estre:
207 sui ma(r)ri[s]; 199 fut ma(r)ri[s]; 121 est ale[s]; 285. 525 est munte[s]; 614 est remasu[s]; 334 fut dolent [l. dolenz] et esmaie[s]; 515 fut affole[s]; 130 fust ne[s].

Nach vorhergehendem Objectscasus findet sich Congruenz des Partic. mit demselben:

    485 cum as oi France bien aquitee;
    467 a sa resne vi(r)ree;
    486 l'ad chier comparee;
    476 l'avez trovee;
    499 ad sa gent justee;
    53. 234 ad l'espee traitc;
    385 ad treis darz lanciez [l. lancies];
    590 nus avez del tut trais;
    519 mut en unt mor[z] e affolez, [l. afoles];
aber 523 plus en unt mort e affolez [l. morz e afoles].

Das Particip congruirte nicht mit dem vorhergehenden Objectscasus:
153 les a gete[s] de vie
392 les heaumes ad trenchie (s. Anm.).

Zu belassen ist 520 ses genz a jostez, statt des Fem., constructio ad sensum, durch den Reim veranlasst. Diesem zu Liebe 179: cest[e] chalenge vos (i) ai mis (statt mise).

Das Partic. in reflexiven Verben:
s'est afichie[s] 304; s'est escrie[s] 2. 32. 131; s'est eslaiss[i]e[s] 384; s'est avancie[s] 313; s'est eslui[g]nie[s] 321; s'est redrescie[s] 411; s'est retenu[s] 400; s'est vergui[g]nie[s] 407; s'en sunt passe(z) 522; s'en sunt turne(z) 604.

Comparation. Der *Superlativ* ist *mit plus und dem Artikel* umschrieben: li plus franc[s] 29; li plus ber 128; des plus gentils. — *Organische Comparative: Rect. Sg.* m[i]eudre 29. 129. 542; *Obl. Sg.* meudre [l. meillur] 533; *Obl. Pl. f.* plusur(e)s 471 und das als Subst. gebrauchte *Neutrum Obl. Sg.* surdeis = lat. sordidius 102; das *Adv.* mieuz 564 und mie[u]z 103. — *Organischer Superlativ* ist pesme 42. 250.

Zahlwort.

Cardinalia. 1. *R. m.* uns, un[s]; *O. m.* un; *O. f.* une. Dieses Zahlwort ist stets als unbestimmter Artikel verwendet. — 2. *O. m.* doŭs; *O. f.* doŭs. Das Compositum ambo-duo begegnet im *O. m.* ambe[s]dous 28 u. andoŭs 153, l. ambsdoŭs. — 3. *O. m.* treis; *O. f.* treis; *O.* trei 410 (= tria?). — 4. qŭatre 514. — 7. set 381. — 8. oit 331. — 10. dis 521. — 30. trente 413. 595. — 37. trente set 381. — 40. qŭarrante 517. — 2000. doŭs mil 615. — 40000. qŭarrante mil 517, l. qŭarrante mil[liers], vgl. dis mill[i]ers 521.

Ordinalia. 1. premier 367. — 3. tierz 646. — 4. qŭart 432. 621.

Pronomina.

Pron. pers. abs. 1. *Pers. Sg. R.* ieo in ie-Ass. *369*; jeo, je[o], jou l. jeo *[S. Ind. s. v. jeo]*; *O.* mei; *Pl. O.* n(o)ŭs 371. — *2. Pers. Sg. R.* tu; *Pl. R.* vŭs, vŭs; *O.* vŭs. — *3. Pers. refl. Sg. O.* sei. — *3. Pers. Sg. R. m.* il; *O.* lui, li; *Pl. R.* il, eus; *Obl.* eus.

Pron. pers. conj. 1. *Pers. Sg. O.* me, m'; *Pl. O.* nŭs, nŭs, n(o)ŭs. — *2. Pers. Sg. O.* te, t'; *Pl. O.* vŭs, vŭs. — *3. Pers. refl. Sg. O.* se, s'; *Pl. O.* s'. — *3. Pers.* [s. Index s. v. il] *Sg. Dativ.* li, l'; *Acc. masc.* le, l'; *Acc. fem.* la, l'; *Pl. Dat.* lŭr; *Acc. m.* les, angelehnt 's. — Über Anlehnung des Personalpronomens s. S. 531 f.

Pron. poss. conj. des Sg. 1. *Pers. Sg. O. m.*, mŭn [218. 218. ?, besser Obl. als Rect.] mŭn, mien 512, m[i]en 250; *Obl. f.* la mei[e] 649. — *2. Pers. Sg. O. m.* tŭn, le tŭen 513. — *3. Pers. Sg. R. m.* sŭn, sŭn; *O.* sŭn, sŭn; *O. f.* sa; *Pl. R. m.* ses [s. Ind. s. v. *sŭn*]; *O.* ses [s. Ind. s. v. *sŭn*]; *O. f.* ses 362.

Pron. poss. abs. 3. *Pers. Masc. Pl. O.* sŭens 290.

Pron. poss. conj. des Plur. 1. *Pers. R. s. m.* nostre; *R. s. f.* nostre; *O. pl. m.* nos 205. 579. — *2. Pers. O. s. m.* vostre, le vostre 59; *Obl. pl. f.* voz 242. 472. — *3. Pers. R. pl. m.* lŭr 319. 319; *O. pl. f.* lŭr 589.

Pron. poss. abs. 594 des lŭr.

Pron. demonstr. cil [s. Ind.]. *Sg. r. m.* cil [cil l. st. celui]; *o. m.* cel; *o. f.* cele; *Pl. r. m.* cil. — cist [s. Ind.]. *Sg. r. s. m.* celui; *o. m.* cest; *o. f.* ceste; *Pl. r. m.* ces; *o. f.* ces. — icist [s. Ind.]. *Sg. r. m.* icist; *o. m.* icest; *r. f.* iceste. — is[t] *Sg. o. m.* 274. — celui [s. Ind.]. *Sg. r. m.* celui l. icil; *o. m.* celui; *r. pl.* ce[u]s. — iceli *Sg. o. m.* 188. — icil *Pl. o. m.* 649. — ceo *Neutr.* [s. Ind.], *R.* ceo, c'; *O.* cco, ge (l. ce).

Pron. relat. und interr. quī [s. Ind.]. *R. m. u. f.* qui; *O. m. u. f.* que, qu', qui, kui; *n.* que, quei. — **que ke** = lat. quidquid 211. — **le quel** 1. li quels *R. s. m.* 370.

Verbalflexion. Vom Verbalsystem gebe ich im Folgenden eine systematische Übersicht; ich folge dabei der von Diez und Bartsch befolgten Anordnung.

Hülfsverba. Aveir. — *Inf.* aveir. *Ind. Pr. S. 1. P.* ai; *2. P.* as; *3. P.* ad, a l. ad; *Pl. 2. P.* avez, av(e)ez; *3. P.* ųnt. *Impf. Pl. 2. P.* aviez. *Perf. S. 3. P.* ot. *Fut. S. 2. P.* avras, av(e)ras; *Pl. 2. P.* avrez, av(e)rez, ravrez, rav(e)rez. — *Conj. Pr. S. 3. P.* eit l. ait. *Impf. S. 3. P.* eust, [e]ust. *Imper. Pl. 2. P.* aiez.

Estre. — *Inf.* estre. *Ind. Pr. S. 1. P.* sųi; *3. P.* est, rest; *Pl. 2. P.* estes; *3. P.* sųnt. *Impf. S. 3. P.* ert, (i)ert. *Perf. S. 2. P.* fus; *3. P.* fut, fu[t], fud (l. fut); *Pl. 2. P.* fustes. *Fut. Pl. 3. P.* se(r)rųnt. *Conj. Impf. S. 3. P.* fust; *Pl. 2. P.* fussiez; *3. P.* fussent. *Condit. S. 1. P.* se(r)reie, serraie l. serreie.

Erste schwache Conjugation:

Inf. -er: acoler, cųnter, endurer, ester, jųster, jųster, porter, trover. — *-ier* : baillier, detrenchier, detrenchier, eshaucier, esragier, faissier, sachier, sai(n)[g]nier, trebuchier. — *-[i]er* : ra[i]er. — *Part. Pass. -e, -ee*: aduree, afole[s], a(f)foles, aqųitee, arme, armes, baee, bende, cųlųree, dampne, desafre, engųlees, enqųarteree, escrie, esgųaree, esj[e]une(z), fine, gete, jųste, jųstee, mųnte[s], mųnte, muee, nafre, nafre, [h]onųree, passe, passe(z), pene(z), porte, qųasse, regrete, rųe, tųrne(z), trove, trovee, vante(z), vi(r)ree. — *-ie, -iee*: afichie[s], detrenchie(z), envermeillie[s], esmaie[s], i(r)rie[s], lancies, preisie[s], preisies, redrescie, reneie[s], reneies st. peneiez, trenchie, tųchie, vergųi(n)[g]nie. — *-[i]e, -[i]ee*: engi(n)[g]n[i]e, enochie[s], eslaiss[i]e[s], eslaiss[i]e[s], eslųi(n)[g]n[i]e[s], inųill[i]e, travaill[i]e, trench[i]e.

Part. Praes. oder Gerund.: brochant, bruiant, bruiante, criant, estant, hastant, pesant, trenchant. — *Indic. Pr. S. 3. P.*: apele, areste, baille, brise, broche, crie, cųide, desmaele, esboele, eschantele, escrie, jųste, lance, meisele, passe, peceie, plie, s(o)ųvi[n]e, trenche, tųrne, travaille; *Pl. 2. P.* cųid[i]ez; *3. P.* cųchent, cųmencent, d[r]escent, escrient, tųrnent, tųrnent. — *Impf. S. 2. P.* esteies. — (*Impf. S. 3. P.* enclinot l. enclin ot). — *Perf. S. 1. P.* aportai, (jųstai l. just(er)ai Fut.); *2. P.* amenas; *3. P.* (enclinat, ich lese enclin at), brocha, chaca, chevacha, cobra, costa, cųla, demanda, desafra, deschevacha, desmaela, dųna, drescha, dreca, du(r)ra, enchaca, enchauca, eschapa, escria, esg[ų]arda, eslųigna, estrųa, g[ų]arda, lanca, lascha, membra, mųnta, parla, pasma, passa, porta, regreta, repaira, suscita, tųrna, trebucha, trencha; *Pl. 1. P.* arivames; *3. P.* tresturnerent; laissierent; enchac[i]erent. — *Fut. Sg. 1. P.*: lerrei l. lorreie, tųcherai, jųst[er]ai; *3. P.* durra; *Pl. 1. P.* vengerųm, a*i*uerųm (st. kaweron); *2. P.* troverez, recųv[er]rez (st. recourez). — *Conj. Pr. S. 3. P.* vant, vante, aït, aï[t], prist. — *Impf. Sg. 3. P.* araisnast, tųchast. — *Condit. S. 1. P.* lerreie; *3. P.* lerreit. — *Imper. S 2. P.* aie; *Pl. 2. P.* estez, tųrnez, tųrnez; aidiez, a[i]diez; depre[i]ez.

Einzelne Verba:
[Aler], *Part. Pass.* ale[s]; *Ind. Pr. S. 3. P.* vait, *Pl. 3. P.* vųnt; *Perf. S. 3. P.* ala; *Conj. Pr. S. 1. P.* auge, *Pl. 2. P.* augiez. — [laissier, laier]; *Ind. Pr. Sg. 3. P.* laist; *Fut. S. 1. P.* lerrai l. lerreie; *Cond. S. 1. P.* lerreie, *3. P.* lerreit. — [pardųner] *Conj. Pr. S. 2. P.* pardųins.

Zweite schwache Conjugation:
Inf. descųncendre; *Ptc. Pass.* perdu, rųmpu, vencu; *Ind. Pr. S. 3. P.* abat, cųmbat, rabat, cųncend, pend, *Pl. 3. P.* entendent; *Perf. S. 3. P.* -*i* : bati, abati, pųrfendi, rųmpi, tendi; -*ie* : abatie, pųrfondie, rųmpie; *Conj. Perf. S. 3. P.* perdi[e]st, venqui[e]st.

Dritte schwache Conjugation:
Infin. ferir. fuir, g[ų]arantir, gųarir, g[ų]arir, gųerpir, repentir, revertir, saisir, servir. — *Part. Pass.* -*i*: enheudi, enmanevie, esbaie, esbaudi[s], esbaldie, fini, fųilli, fųilli, gųari, ma(r)ri, saillie, senti, trais; -*u*: feru, vestu, (vestue); -*ert*: cųvert. — *Part. Pr. u. Ger.* fuiant, g[ų]arant, g[ų]a(r)rant. — *Ind. Pr. S. 3. P.* depart, ment, dement, fuit, fiert, f[i]ert; sai(s)sist; *Pl. 2. P.* fuiez, fu[i]ez; *3. P.* fuient. — *Perf. S. 1. P.* servi; *2. P.* servis, sųffri[s]; *3. P.* feri, gųa(r)ri, menti, sorti; *Pl. 3. P.* enfuirent. — *Fut. S. 3. P.* gųar[i]ra.

Einzelne Verba:
Eissir *Inf.*; *Ptc. Pass.* eissie. — faillir *Inf.* = *Imper.*; faudrai *Fut. S. 1. P.* — [oir]; *Ger.* oant; *Ind. Pr. S. 3. P.* out; *Perf. S. 3. P.* ot; *Fut. Pl. 2. P.* orre(s)z. — saillir *Inf.*; *Part. Pass.* saillie; *Pr. S. 3. P.* saut, resaut.

Starke Verba:
Erste Klasse: faire *Inf.*; *Ind. Pr. P. 3. P.* fųnt; *Perf. S. 2. P.* feis; *3. P.* fist; *Pl. 3. P.* firent; *Fut. S. 1. P.* ferai; *Ptc. Pr.* fesant. — [tenir.] *Ind. Pr. S. 1. P.* tenc; *Perf. S. 3. P.* tint; *Fut. S. 3. P.* t[i]endra. — [venir], *Inf.* avenir, mesavenir; *Ind. Pr. S. 3. P.* vient, v[i]ent; *Impf. S. 1. P.* veneie; *Perf. S. 3. P.* vint, sųrvint; *Pl. 3. P.* vindrent; *Conj. Impf. S. 3. P.* avenist. — [veeir.] *Ind. Pr. S. 1. P.* vei, *3. P.* veit; *Perf. S. 3. P.*

vit, *Pl. 3. P.* virent; *Fut. Pl. 2. P.* verrez; *Conj. Impf. Pl. 2. P.* veissiez; *Part. Pr.* veant *Ger.*; *Perf.* veu.

Zweite Klasse: [ardre, ardeir.] *Ind. Perf. S. 3. P.* arst, *Pl. 2. P.* arsistes. — ceindre *Inf.* — dire *Inf.*; *Ind. Pr. S. 3. P.* dit; *Perf. S. 1. P.* dis, *3. P.* dist; *Part. Pass.* dit. — [duire.] *Imper. Pl. 2. P.* cunduiez. — [fraindre.] *Ind. Pr. S. 3. P.* fraint; *Part. Pass.* frait. — [maindre, maneir.] *Ind. Fut. Pl. 2. P.* remaindrez; *Part. Pass.* remes, remasu. — [mettre.] *Ind. Perf. S. 1. P.* mis, *2. P.* mis, *3. P.* mist, malmist; *Pl. 3. P.* mistrent; *Fut. S. 3. P.* metra; *Part. Pass.* mis, malmis. — [occirre.] *Ind. Pr. S. 3. P.* occist, o[c]cist; *Perf. S. 3. P.* occist; *Part. Pass.* occis. — [puindre.] *Ind. Pr. S. 3. P.* puint; *Perf. S. 3. P.* puinst; *Ger. oder Part. Pr.* pui[g]nant, pui(n)[g]nant, pui[g]nant. — prendre *Inf.*; *Ind. Pr. Pl. 3. P.* prennent; *Perf. S. 3. P.* prist, *Pl. 3. P.* pristrent; *Fut. Pl. 2. P.* prendrez; *Part. Pass.* pris. — [querre.] requerre *Inf.*; *Ind. Pr. S. 3. P.* requiert. — [recembre.] reinsis *Ind. Perf. S. 2. P.* — [repunre], repunt *Ind. Pr. S. 3. P.* — [respundre.] *Ind. Perf. S. 3. P.* respundi, respundie. — [rire.] *Conj. Pr. S. 3. P.* rie. — [seeir.] *Ind. Pr. S. 3. P.* asiet, s[i]et; *Perf. S. 3. P.* sist; *Part. Pass.* asis. — [surdre.] *Indic. Perf. S. 2. P.* [re]surrexis, *3. P.* surrexist. — [taindre, ateindre = tangere, attingere.] *Ind. Perf. S. 3. P.* ateinst. — [teindre] *Part. Pass.* teinte = lat. tinctam. — [traire.] *Ind. Pr. S. 3. P.* trait, *Pl. 3. P.* traient; *Perf. S. 3. P.* traist, traist; *Part. Pass.* traite, traite.

Dritte Klasse: [chaeir.] *Ind. Pr. S. 3. P.* chiet, ch[i]et; *Pl. 3. P.* ch[i]eent; *Perf. S. 3. P.* chai. — [conuistre.] *Ind. Pr. S. 1. P.* conuis; *Fut. Pl. 2. P.* conuisterez; *Conj. Impf. S. 3. P.* conuist, reconuist; *Part. Pass.* recon[e]u. — cu[r]re *Inf.* — [creire.] *Conj. Impf. S. 3. P.* creust, *Pl. 2. P.* creissiez; *Part. Pr.* recreant. — [creistre] *Ind. Fut. S. 1. P.* crestrai. — [deveir.] *Ind. Pr. S. 1. P.* dei, *3. P.* deit; *Plusquampf. S. 3. P.* devret st. dueret; *Conj. Pr. S. 3. P.* deie. — [estoveir.] *Conj. Impf. S. 3. P.* estust. — [gesir, jesir.] *Ind. Perf. S. 3. P.* jut; *Fut. S. 2. P.* girras. — murir, murir *Inf.*; *Part. Pass.* mort, mor[z], mort, mo[r]t. — [moveir.] *Ind. Perf. S. 1. P.* mui, *Pl. 2. P.* mustes. — [nuire] nuist. — [poeir.] *Ind. Impf. S. 3. P.* poeit; *Perf. S. 3. P.* pot, *Pl. 3. P.* porent; *Conj. Pr. S. 3. P.* poisse, po[i]sse, *Pl. 2. P.* poissiez; *Impf. S. 3. P.* p[e]ust; *Part. Pr. (als Adj.)* poant. — [saveir.] *Ind. Pr. S. 1. P.* sai; *Part. Pr. (als Adj.)* nunsavant. — [tolir, tolre.] *Perf. Pl. 3. P.* tolirent. — [voleir.] *Ind. Pr. S. 1. P.* voil, *2. P.* veus; *Perf. S. 3. P.* vot.

Unregelmässige Verba:
[iraistre.] *Ptc. Pass.* i(r)rie[s]. — [naistre.] *Part. Pass.* ne[s], nee. — [vivre] *Ind. Perf. S. 3. P.* vesquie; *Part. Praes.* vivant.

Dichterische Freiheiten im Versausgang:
vante 82, st. vant (wie 35).
bruiante 75, st. bruiant (wie 26).
grant, 1. grande 66, st. grand.
grande 70.
Rect. Huguń 270 ⎫
     Huon 286 ⎭ st. Hues.
Voc. rei baron 540, st. reis ber.
bricun 256, st. bric.
Hugon 257, st. Hues.

Nominativform scheint an zwei Stellen als Obl. gebraucht, 493 emperere, aber dass eine Lücke folgt, muss doppelt vorsichtig machen, und 218 ancestre, wo jedoch der Vers ohnehin fehlerhaft ist.

Vgl. S. 543 über Incongruenz des Pcp.

Anmerkungen.

1 fehlt auf den uns erhaltenen Pergamentblättern (s. oben S. 502); über den wahrscheinlichen Umfang des vor dem Beginne des Fragmentes liegenden, verloren gegangenen Theiles des ursprünglichen Gedichtes s. Einl. — 2—4 = 131—133. — 2 *s'escrier en haute voiz*: 131 *a haute voiz*, 584 *a haut criz* und 154 bloss *en haut*. Vgl. Roman de Roncevaux (p. p. Fr. Michel, Paris 1869) *a haute vois* Tir. 85. 111. 66. 42. 278. 360. 377; *en haut* ib. Tir. 278. 351; dazu noch *a vois* ib. 96. 147 (zweimal). 152. 155. 165. 202 und *hautement* ib. 158. 309. 392. — 3 = 132. 187; *dol* 3. 451; *del* 132. 187. .468. — 4 = 133, vgl. 188. — 5—8 Refrain, der sich 37—40, 61—64, 83—86, 134—137, 160—163 wiederholt. — 5 u. 6 Statt der Reime *le bon vassal* : *le cheval* findet sich 37. 38 und 160. 161 der Pluralis gebraucht. Statt *enchaca* steht 62 *chaca* und st. *le cheval* : 84 *sun cheval*. — 6 *enchaca*, 611 *enchac[i]erent*, vgl. ChdR. 1627 *par vive force les encacerent Franc*. — 8 R.'s Komma nach baille, ebenso 40. 64. 86. 137. 163 unverständlich. Mir scheint der Vers übersetzt werden zu müssen: „*Nem* (Name des Schildknappen, oder soll man ꝗem — „man"¹) lesen?) *reicht ihm da* (denn la kann hier nur Ortsadverb sein, so auch S.) *einen Schild*." Baillier ist der Ausdruck für das Darreichen des Schildes im Allgemeinen, z. B. Raoul de Cambrai (éd. Le Glay) p. 149: *lors li baillierent son escu de quartier*, und besonders durch den Schildknappen, so Richars li biaus (her. v. Förster) 987: *Lyones son escu li baille* und 1397 f.: *Lyones saut, son signour arme, l'escu li baille par l'enarme*. Dass die Helden sich mehrere Schilde nachführen liessen, s. San Marte, Zur Waffenkunde des älteren deutschen Mittelalters 1867, S. 101. — Dass *tuenard* oder *toenart* (schr. tꝗenard) (R. meint, ist es „un habitant de Thunes ou Tunes? un tonnerre, un foudre de guerre?") „Schild" bedeute, sieht man aus mehreren anderen Stellen. Ich führe an: Roman de Horn et Rimenhild, publ. p. Fr. Michel 1845, 1704 ff.: *A itant* (l. aitant) *si l'ad feru dunc sur sun toenart, Ke les quirs e le fust tut quassat e depart, E par mi l'alberc li ad rumpu le lart*. Eine Variante giebt statt 1704 *de l'air l'ad feru cum cil ki n'iert coart*; im King Horn (s. Wissmann S. 107) fehlt diese ganze Stelle. Eine zweite Stelle fand ich bei Du Cange-Henschel VII s. v. toenars (ohne Übersetzung), nämlich Partenop. 2251 f.: *Cil vont fuiant drois vers Chaars et ont jetes lor toenars* (Var. du ms. 1239: *gite lor corniars*). [Sch. Anm. zu 8 bringt als Beleg bei: Rom. d'Alix. p. 196, 7: *Ne ja ne les garra escus ne toenart* und p. 244, 31: *Si fiert le roi de Perse desor son toenart* und P. pag. 378: Ch. d'Antioche, c. VIII, § 38.] Schon Michel, Gloss. zu Horn erklärt es als espèce de bouclier

---

¹) So vermuthet ten Brink, auch G. Paris, Romania 1876, p. 378. Vers 137. 163 Nen statt Nem im Ms.

[ebenso auch S. u. P.]. Das Etymon kann ich nicht finden; soviel geht aber schon aus der verschiedenen Schreibung hervor, dass wir ų als den Laut der ersten Silbe anzusetzen haben, was auf ō oder ū hinweist. Da das Wort an allen o. a. Belegstellen dreisilbig gebraucht ist, — im Gorm. konnte es mit Zulassung des Hiatus nach der 3. Sg. Pr. zweisilbig sein — so ist Ausfall einer Dentalis zwischen ų und e anzunehmen. Vgl. *Rųem* aus Rotomagum, *Loevis* aus Ludovicum. — 11 *es*, schr. *eis*, wie an den übrigen sieben Stellen. *Eis lur* wird von Diez (Altrom. Sprd. S. 49 zu Boethius 15) mit prov. *epslor* (= ipsa illa hora) identificirt, welches in der Bedeutung von ecce gebraucht werde, wofür er Gorm. 114 u. 140 anführt. *Eis lųr* ist ecce illorum (= Dativ des Pronom.), wie *eis vos* = ecce vobis [u. *ais li* = ecce illi ChdR. 2452]. Einfaches *eis* mit abhängigem Objectscasus 466 *eis Isembart*, ebenso *eis vus Ernaut* 165, *eis lur Eodon* 88, *eis lur le conte de Peitiers* 114; *eis lur* mit folgendem Obl. Partic. 11 e[i]s *lor puinnant Gautier*, 47 *eis lur puinnant Terri*. Mit dem Nominativ construirt ist *eis vųs* 67: *eis vos puinant li quens de Flandres*. *Eis lųr* u. dabei der Nominativ steht 140 *eis lur li quens de Normendie*. — Die Assonanz *an* ist durch *Maus* gestört, das Ms. hat wirklich *maus*, wie schon R. ausdrücklich bemerkte, sonst wäre eine Änderung in *Mans*, wie R. vorschlägt, das Nächstliegende; so ändert auch P. Meyer, Mém. d. l. Soc. d. ling. I. 1860. p. 260 [ebenso F.]. *Mans*, die Hauptstadt des Département de la Sarthe, kommt nur mit dem Artikel vor. Was *Maus* wäre, wüsste ich auch nicht zu sagen. Da ich eine Änderung des Namens für bedenklich hielt, glaubte ich durch Umstellung helfen zu müssen. (Eine zweite Umstellung habe ich in 485 vorgenommen). Zu beachten ist die Construction und die Wortstellung nach *eis*. Vgl. Boethius 72: *ecvos Boeci cadegut en afan*. — 12 *franceis* stört die Assonanz. Ich schreibe mit P. Meyer, Mém. d. l. Soc. d. ling. I. p. 260, *franc*, füge aber dann, da der Vers sonst zu kurz würde, die Präp. *a* vor *un* ein; Meyer schlägt keine weitere Änderung vor. Die Präposition *a* steht an Stelle des Genetiv z. B. Frgm. d'Alex. d'Alberic de Besançon 37: *fils fud Amint al rei baron* und im Pariser Text des Girart de Rossilho, éd. Fr. Michel p. 327: *quant de la mort Tierri au duc d'Ascance fu de la guerre la commençance*. — 14 vgl. 117. — 16 *auferant* (vgl. Böhmer, Rom. Stud. I. p. 257 ff.) hier einfach = Streitross. — [20 F.: „*le* braucht, wie S. es annimmt, zu *pecoie* nicht ergänzt zu werden, da *pecoier* auch absolut gebraucht wird: *Et li escuz pecoie et font Come glace* Chev. Lyon 5575."] — 21 *dementir* in der sinnlichen Bedeutung „vernichten, zerstören" finde ich noch Rom. de Horn p. 173, 3398 f. *si feri le paen sus el helme lusant ke les coigs abat e trestus les dement* und in der dazu Anm. 3 verzeichneten Variante: *ke le coing abati e trestut le desment*, sowie Floovant p. 65, 2117: *le haubert de son dos li deront et desmant* (mit a). Der Übergang von *dementir* in die sinnliche Bedeutung erinnert an einen gleichen Vorgang bei *fausser*. [S.: *dementir mieux desmentir, au sens ancien „mettre en défaut"*: cp. Mort de Garin p. 93: *L'escu li perce et l'auberc li desment*.] — Eine ähnliche Verbindung von Homonymen s. Raoul de Cambrai p. 181: *desrompre et desmaillier* oder Rom. d. Ronc. CLXXXVIII u. CCI *fausser et desmaillier* oder *desromps et dessartis* eb. CXLIV, *faussez et dessartis* CCXCV, *trenchie et fandu* CXC. — [23 S. liest auch *mes* st. *men*, da es zu vereinzelt stehe, um wallon. *min* = *mais* annehmen zu können.] — 27 *consent*, besser *cųncent* = conscindit [S.: *le ms. porte consent p. conscut (?) ou consuit* (45) *de consivre* = *atteindre, frapper*]; ein Compos. davon findet sich 72 *descųncendre*, s. Anm. zu 72. — Das Metrum ist nach 153 zu berichtigen. Dass

Gorm. mit einem Lanzenwurfe zwei niederstreckt, findet sich auch 153. — 30 vgl.
130; *mund 267*. — 33—36, ähnlich 79 ff., 155 ff. — 37 ff. s. Anm. zu 5 ff. —
41 *Quaiou* [R. *quaiou*, S. *Qajou*, P. *Qaiou*] ist Eigenname = Cayeux in der Nähe
der Sommemündung. [P. *Il s'agit de Cayeux (Somme)*.] Ebenso 65, wo *en la champaine* st. *en la chapele* steht; *chapele* ist natürlich klein zu schreiben [so auch S.]
— 43 stand jedenfalls ein Vers, der uns den Gorm. als Hauptkämpfer bezeichnete.
— 44 *esbųeler*, lat. *exbotellare, wörtlich „die Eingeweide herausreissen". Das
Sb. „Eingeweide" Rol. 2247 *buele*, Benoit II. p. 154 *boele*, ib. III. p. 152. 368
boeles, Raoul de Cambr. p. 41 *boele*, ib. 48 *bouele*, Rom. d. Ronc. CCXVII *boelle*;
Benoit II. p. 237 *esboelent*. Anhäufung ähnlicher Homonymen s. Richars li biaus
2194 *ochist et tue et fiert et maille*. — 45 u. 616 gebessert nach 580. 581. Vgl.
Auberi 119, 1 *cui il consiut, il n'a de mort garant*. [S.: die Form *laist* Zeichen
geringen Alters unseres Ms.; es sollte *leit* oder *let* stehen.] — 46 unverständlich
in der Überlieferung. [Böhmer erinnert an Rol. 1257.] Soll man *ves que dyna*
oder *n'est ne dyna* oder *ves lui dyna de mort novele* lesen? [S. *vestus est cil de
mort novele?*] — 47 *Eis lyr* s. 11. — „Ph. Mouskes 5222 erwähnt einen *Gautier de
Termes*". — 48 *destrier de Chastele* kehrt häufig wieder, so Benoit II. p. 111, Horn
3316, Chev. au cygne p. 228, Raoul d. Cambr. p. 47, Gerard de Viane, ed. Becker
2413. — Über *bai* s. Studien I. 241 f. —. 49—54 vgl. 230—235. — 49 *gesques*, wie
230. 383 neben *gesque* 128. 184. 394. — [54—77 Facsimile bei S.] — 54 zu kurz.
Ich ändere nach 183. 235. *Heaume* in *e-e* Assonanz ist schwerlich möglich, da
das e in dieser Form nicht mehr betont sein dürfte. Die Entwickelung war wohl
diese: hélme, héalme, heáulme, heaúme, heaúme. *Amynt sýr l'helme* auch ChdR.
1995. [S.: „*si l'ad feru si sur le helme* oder *si l'ad feru sýr le vert helme*." Ersteres
wegen des wiederholten *si* nicht gut möglich.] — 61 ff. s. Anm. zu 5 ff. — 65 s.
Anm. zu 41. — 66 zur Berichtigung der Assonanz l. *grande* st. *grant*, s. 70. —
69 *o = ψ* [S. *e*; F. P. behalten *o = où*]; der Vers ist zu lang, R. will *cist* st. *celui*
setzen (vgl. 78); *cist* ist aber Nominativ, daher *cest* zu schreiben. [S. *cest* oder *cel*.]
— [Die Interpunction ist zu ändern: ein Semikolon st. Komma nach 68 und nach
69 ein Komma statt Semikolon; 70 ist Nachsatz zu dem vorangehenden Temporalsatz; o = sobald, s. F.] —. 70 *sýr sýn escu li dyna grande*. Vgl. 97 *sýr sýn helme
l'en dyna treis*. Über derartige elliptische Wendungen, besonders aber über die
nicht unhäufige Verwendung des weiblichen Pronomens und Adjectivs, viell. auch
des Neutr. Plur., im Sinne des Neutrum findet sich eine reiche Stellensammlung:
Tobler, Germania II. 1857 S. 443 zu Vers 95 des Alexanderliedes (wenig davon
abweichend als Abdruck: Tobler, Darstellung der latein. Conjug. u. ihrer roman.
Gestaltung nebst einigen Bemerkungen zum prov. Alexanderliede, Zürich 1857,
S. 45); Tobler, Jahrbuch 1867 VIII. S. 338 zu Baudouin de Condé 98, 34; Tobler,
Mitthel. 1870 s. v. *une*; Tobler, Vrai Aniel 1871, Anm. zu 2; Martin, Fergus 1872,
Anm. zu S. 73 Vers 24; Diez, Gr.[3] III. 48 Anm.; Förster, Richars li biaus, Anm.
zu 2393. — Obige Verse aus Gorm. sind von Tobler (Germ. u. Darst.) hierfür angeführt. Auch 486 *e Gormynd l'ad chier cymparee*, wo *la* sich freilich, aber nur
gezwungen, — besser: *la cymparer = la payer* — auf das vorhergehende *France*
beziehen könnte, scheint mir dahin zu gehören. Vgl. noch *tel me donna d'un
baston les l'oïe* Raoul de Cambrai p. 75 und *li a tele dounee amont sor l'iaume*
Rom. de Ronc. CCXX. — 71 [S. bessert gleichfalls durch Einschieben von *a l'*]
Diez, Altr. Sprd. S. 68 zu Boethius 204 schlägt Einschiebung von *a* vor. Über
dies *or* vgl. ausser ob. Citat Diez, Altr. Gloss. S. 56 und Wb. I.[3] 296 s. v. orlo,

woselbst Diez noch Boethius 204 u. LRs. 254 (hier *ur*) anführt. Ein Diminutiv davon ist altfrz. *orle*, s. Serm. de S. Bern. p. 562m citirt von Diez. *Or* (schr. *ųr*) „Rand". [Vgl. Böhmer, Stud. 3, 190.] Sonst üblich für „von einem Ende (oder Rande) bis zum anderen" ist *d'un chief en autre* (s. Diez, Altr. Sprd.), welches ich Rom. de Ronc. XXVIII. CXI finde, ib. CXIV *de chief en autre*. — 72 In *descyncendre* [R. *d'esconcendre*, S. *d'Esconcendre*] sehe ich *disconscindere* [Ebenso P.; F. erkennt darin ein verderbtes *descendre*?]; s. Anm. zu 27. — 74 *cambre* muss ein Wurfgeschoss sein; Roquefort Suppl. s. v. *cambre* führt mit ähnlicher Bedeutung an aus Reg. aux Mémoires de la ville de Douai: A la paix avec la Hollande publiée le 16 mai 1648, il y eust procession . . . . lanternes au beffroy, deux volees de canon et une volée de cambres. Er übersetzt es mit *boîte de feu*, von *camèra*. Diez Wb. II.[s] c., s. v. *cambrer* hat „frz. *cambrer*, neupr. *cambrá* bogenförmig krümmen von *camerare* wölben, einen Bogen formen." Nfrz. *cambrure* = Bogenkrümmung, Beuge, s. Sachs. [Ms. *cambre* oder *tambre*, S. *tambre*; F.: *cambre* = *terrificium* im Gloss. Lille 32, *tambre* bildlich St. Eloi 107a: *Diex l'ot feru d'une grief tambre*.] s. oben S. 539. — 79 *Iceste* [auch S.] l. st. *1 coste* R.; vgl. 155; s. 33 Anm. — 80 Zu beachten, dass das verstärkende *par* stets vor. dem Verb und nicht vor dem Adj. steht, welches es verstärkt. Vgl. auch Diez, Altr. Sprd. S. 65. — 81 Ms. *descent*, l. *drescent*, wonach alsdann noch der Artikel *la* einzufügen ist. [S. *adrescent*.] — 82 *ja* hinzuzufügen [ebenso S.], vgl. 35. 158. — 83 ff. s. 5 ff. Anm. — [85 fehlt im Ms., von R. S. schon ergänzt.] — [87 fehlt bei R.] — 88 *Campaneis*, vgl. *Champeneis* Raoul d. Cambr. p. 97 und *Champignois* Hugues Capet p. 54 u. 117. — *Eodon de Campaneis* s. Reiff. Anm. — 89 *Bleis* = *Blois*. — 90 *Chastel-Andon* l. *Chastel Landyn* = Château-Landon [ebenso S.] in der alten frz. Provinz Gâtinais, hier *Gastineis* genannt. *Chastel-Landon* s. Chans. d. Sax. XXV, *Gastinois* Ch. d. Sax. XVI note 1 und CXIII. — 91 *moreis* s. Böhmer, Studien I. — 93 *neir* jedenfalls = *niyrum*, nicht etwa = *nerf* (courroie), wie R. vermuthet. [S. ebenso; neir Synonym von vernis, s. seine Note.] — 94 *haubere* R. jedenfalls Lese- oder Druckfehler [Ms. hat hauberc]. Das Versmass wird durch Hinzufügung von e am Anfang des Verses leicht berichtigt [S. ebenso]. — *pleis* lat. plicitum [S. *plexus*; P. = *pli* (also *plicitum*)]; *plois* Capet p. 151, Ch. d. Sax. LXXXVI. CXIII. CXXVI. CCXXXII. — 96 *le brand de Coleneis* = ein Schwert „*nicht von der heiligen Cöln am Rhein, sondern der Halbinsel Kola am weissen Meere, in den deutschen Liedern als Kolane, Colone bekannt, wo die Schwerter von den Zwergen gehärtet werden.*" So Joseph Haupt, Die dakische Königs- und Tempelburg auf der Columna Trajana (in Mitth. der K. K. Central-Comm. zur Erforsch. u. Erhalt. der Baudenkmale XV. Wien 1870 S. 135). — *traire le brant* auch Rich. li biaus 2533 oder *branc* (ib. 3149). — 97 s. Anm. zu 70. — 98 *enclinat* s. oben S. 538. — 100 *Ireis* l. statt *ireis* bei R. [u. S. = *une arme offensive pour lancer d'origine irlandaise*]. Ein Irländer kommt dem Gorm. zu Hülfe, ebenso ist es 282. [F. P. weisen S.'s Erklärung in gleicher Weise zurück]; *lanca* ist absolut zu nehmen. — 102 *a dist*, ich lese „*a!*" *dist* [S. *a dit* oder *e dist*; P. stimmt mit meiner Lesung überein.] *A* ist als Interjection zu nehmen und danach ist zu interpungiren, ebenso 180. 186 u. 247; *a* als Interjection [auch bei S.] noch 484 u. 585. *Dist* als Partizip kommt allerdings auch vor, so: *ad dist* Charlemagne 576 (Koschwitz, Überlieferung u. Spr. der Chans. d. voy. de Charlemagne fehlt diese Form): *ci ad merveillus gab, ceo ad dist li escut* und Bartsch, Chr.[s] 418, 8 (nicht 428, 8 wie er 514 angiebt): *a dist* im Reime mit *enhardist*. Burguy, Gr. II. 147 führt aus Rom. du

St. Graal p. p. Michel 3443 an: *Au tierz jour ha a Joseph dist* und verweist noch auf Vers 1175. Er bemerkt dabei, im XIII. Jahrh. findè sich das Partic. von *dire* häufig mit eingeschobenem unregelm. s. — *Sordeis* (R.: à demi-voix?) urspr. Neutr. des Comparativ, von sordidius abgeleitet (vgl. Diez, Sprd. S. 69, Gr. II.ᵃ 76, Burgny, Gloss.); doch wird es häufig als Subst. angewendet in der Bedeutung „Schmach, Schande", hier wohl „Hohn, Spott". Theils als Adj., theils als Subst. finde ich *sordeis*: Benoit, Chron. II. p. 143. 548. 600, II. p. 31. 253, III. p. 117. 307 und Chans. d. Sax. LXIII. LXXIII (an zwei Stellen). CCXCIV; *sordois*: Rom. de Ronc. XLVIII, Auberi S. 27, Raoul de Cambrai S. 97, Chev. au cygne p. p. Hippeau p. 226. 227, Prise de Pampelune 3535; *sourdois* ib. 3964. Das Mascul. des Compar. *sordeior* steht Benoit II. p. 28. Der Positiv *sors* scheint angenommen werden zu müssen Durmars li galois (her. von Stengel): *quant il pooient eschiver et en lor pais retorner, adont tenoient les grans cors, li siecles n' estoit mie sors: quar on donoit les riches dons, jolis estoit trestos li mons.* Verbalform ist *sordois* Chev. au cygne S. 227, sicher auch *sordeh* in Girartz de Rossilho (hrsg. v. Hofmann) 3659 (Ausg. v. Michel S. 115): *De tant ira, ditz Peires, plus en sordeh* (im Oxforder Text *sordeih* bei Mahn, Gedichte der Troub. IV. 218; der Londoner Text fehlt). — 103 *estampeiz* = sur vos jambes R.(?). Lies *Estampeis*, welches als geographischer Eigenname zu fassen ist, d. h. die Gegend des jetzigen Étampes [ebenso S.]. *Eodon*, von dem hier die Rede ist, besass (s. Vers 88—90) *Chartres* und *Blois* und *Château-Landon en Gâtinais*. Die Gegend von Étampes stösst nun unmittelbar an die westlich davon gelegene von Chartres und südlich an die von Château-Landon. Gormond kann daher sehr wohl zu Eodon sagen: „Du wärest besser in Estampeiz (d. h. zu Hause)" und weiter: „verloren hast du dein Ross, du wirst es nimmer wieder bekommen, hier wirst du zus. mit mir bleiben, Herberge wirst du nehmen auf der Haide." — *Estampeis* Benoit Chr. I. p. 262; *Estampois* Capet p. 54; *Estampez* ib. p. 57; *Estampes* Ch. d. Sax. XLIX; *vaillant un estampois* Raoul d. Cambr. p. 30 u. note 1. — 105 *recoures* Ms. R. [S. *recoverrez*]; zur Herstellung des Metrums ist das Futur *recyverrez*, für *recyvrerez*, zu setzen. — *Des meis*, nach R. = des miens (!), ist vielmehr *de ex mensibus* und bedeutet „lange, in langer Zeit" nach Förster (Rich. li biaus zu 222), zu dessen Belegstellen J. Condé 24, 65; Fergus 160, 9; Aliscans p. 237. 239 ich noch hinzufüge: Ch. d. Sax. CLXVII. CCXCIV; Rom. d. Ronc. XLVIII; Raoul d. Cambr. p. 215; Auberi p. 121; Rich. li biaus 222; dez mois Capet p. 55; *del meis* Benoit Chron. I. 5417. Noch verstärkt ist es durch *mais*: Aliscans p. 237. 239; Benoit Chron. I. 5417; Rom. d. Ronc. XLVIII; Ch. d. Sax. CCXCIV. An sämmtlichen Stellen ist der Satz negativ und das Verb. steht im Futur. Wenigstens dem Sinne nach negativ ist Rich. li biaus 222 *ne sai, se revenrai des meis*. — 107 *briverei* [Ms.], l. *bruierei* [ebenso S., auch P.], welches „Haide" bedeutet; vgl. *brueroi* Ch. d. Sax. Tir. 71. 231; *bruerois* 113. 232; *bruihaire*[i]*z* in ei-Reim zu lesen: Rom. du Mont St. Michel 733. — 110 geändert nach 95. 387. 73. 568, wo überall *en* steht. [Ebenso S.] Überdies ist *char* Femin., es könnte also nicht *sun char* heissen. — 112 Ähnliche Tiradenanfänge 9. 138. 164. 583. — 114 s. Anm. zu 11; *Peitiers*, l. *Peiteu* [Ebenso P. *Peiteus*]. — 115 *sor bauzan* (s. Studien I. S. 261). Ich füge am Schlusse des Verses zur Berichtigung der Assonanz *ert* hinzu, vgl. 527. [S. liest *sor bauzané*; P. weiss nicht zu bessern, er meint: p. ê. hardiment *pumelé*.] — 117 f. s. 14 f. — 124 [F. gleichfalls *l'* für *le*, vgl. 401, wo auch S. dies annimmt] — *desafre*, vgl. Ch. d. Rol. 3426 *de sun osberc les dous pans li desaffret*; Gautier Gloss. erklärt es mit *enlever la safre, la broderie d'or.* — 125 *nen* für *ne n'* zu lesen wie 268. [Vgl. Diez, Gr. III.² 438.] — 126 *le brand letre* s. Rom. d. Ronc. Tir. 167. 190. 194; Michel übersetzt es dort *dont la lame porte une inscription,* oder *orné d'une inscription.* — 127 ist ein Vers wie 183 einzusetzen. [Ein Semikolon nach 126, wie S. hat, ist unhaltbar.] — 128 Vgl. 184. 394. — 129—131 Vgl. 29—32. — 131 bis 133 vgl. 2—5, s. Anm. zu 2 ff. — 134 ff. s. Anm. zu 5 ff. — 140 s. Anm. zu 11. Über *Fescamp* s. Reiff. Anm. 136. — 143 *espié* R., *espie* zu lesen, wie schon aus der Assonanz hervorgeht; *au rei Gormund nuist espie* = dem König G. schadete er als Spion? *Espie* Subst. von *espier* (= auskundschaften) gebildet. [S. schlägt *i mist espie,* mit pleonastischem *i*, vor: „*il épia le roi Gormund.* P.: *en tout cas le sens semble être:* „*Il n'envoya pas d'espion au roi Gormond, il alla lui-même jouter contre lui.*"] [Viell. *ne mist espie?*]. *Espie* Phil. Mousk. 14211; Horn 4651. - 145 s*ų*vi[n]e = lat. supinat, so z. B. Richars 1. b. 1488. 2152. 2085. 3654; Aliscans 1032 (*l'a mort soviné*). [S. *souvie* = *subitat, attaque par surprise;* was soll aber *pleine sa hanste* bei *souvie* bedeuten?] — 148 *geter de vie* auch 153. — 149 s. oben S. 527. — *Guivre* s. Diez Wb. II.²c s. v. *givre; guivres,* lat. vipera, als *Geschoss* Rom. d. Ronc. CCI. CCIX; *wigres* desgl. Ch. d. Rol. 2075; *wivres* RdR. CCXXXV; *guivres* als „*Schlangen*" Rol. 2543. — 150 R. *ot jaillie* [Ms. *est saillie*]. — 153 s. 28. — 155—159 Vgl. 33—36 u. 79—82. — Der Plural nach *gent* z. B. auch Rom. de Ronc. Tir. 316 *sa gent sont vaillant.* — 160 s. Anm. zu 5. — 164 Vgl. RdR. Tir. 144 *li estors est durement esbaudis.* — 166 *les aloes saint Valerin,* s. R. Anm.: „*il est encore parlé au v. 431 de Saint-Valeri en Vimeu, et Ph. Mouskes, au v. 14053, dit:* '*Herluis ot a non l'ainsnee; Si fu al duc Garin dounee Ki tenoit Vimeu et Ponti Et les alues St.-Waleri.*" — 169 s. oben S. 527. — 174 R. *estes mei ci, mei* erklärt er als *miens;* ich kann *estes* nur als „*die auf eigenthümliche Weise durch Verbalflexion von eis* = lat. *ecce gebildete Form*" erklären, vgl. Diez, Wb. I.² s. v. *ecce;* der Sinn wäre dann *me voici.* Beim Imperativ konnte dann natürlich nicht das tonlose conjunctive Pronomen *me,* sondern nur die vollere absolute Form *mei* stehen. [Das Ms. hat aber *estez mei ci,* welches mit S. als: *Arrêtez-vous pour me livrer combat* zu fassen ist; *mei* ist Dativus ethicus, zur Verstärkung des Befehls.] — 176 *suleie* ist Impf. Indic. und nicht Conjunct. Praes. wie R. annimmt. — 179 *chalenge* ist sonst Femin.; man muss daher *ceste* lesen und *i* streichen [ebenso will F. ändern]; zu beachten ist, dass damit die Congruenz des Partic. hier nicht beobachtet wird, s. oben S. 543. [S.: „*Voilà comment j'ai résolu de vous disputer mes droits.*] — 180 s. Anm. 102. — 182 zu kurz; *s'espié* mit R. einzuschieben wäre, abgesehen davon, dass es nicht mit dem hier dem Sinne nach geforderten *espée* synonym ist, auch formell unrichtig, da es *sun espié* heissen müsste, woraus nicht *s'espié* werden könnte. Ich ergänze nach 126 *le brand.* [Ebenso S.; *d'or enheudi* = *à poignée d'or.*] — Vgl. Rol. 966 *veez m'espee ki d'or est enheldie* und 3866 *ceinent espees enheldees d'or·mier,* ferner Aliscans p. 15 v. 468 *puis traist s'espee ki d'or est enheudie* und Rich. li biaus 2506 *puis trait l'espee qui d'or massis ert enheudee.* Vgl. noch RdR. Tir. 122 *puist traist l'espee, d'or fu l'enheudeure.* — 187 zu berichtigen nach 3. 132. — 189 *la* eingesetzt nach 642 [ebenso S.; F. sagt: „*besser enz en cruiz,* nach S.'s *Bemerkung zu 642 la qui est de trop et inutile*"]; *en la crois* oft: z. B. Romv. p. 215, RdR. Tir. 103. 120. 434; *en crois* ohne *la* ib. 171. 242. 378. 425. 432. 438; *en sainte crois* 256. — 193 schreibe ich *gųar[i]ra,* welche ursprüngl. Form neben *guarra,* mit syncopirtem *i,* häufig vorkommt; dass der Schreiber letztere Form vorzog, würde sich aus seiner sonstigen Vorliebe für rr erklären. [Oder soll mit S., der *cil* oder *vos* einzuschieben vorschlägt, geändert werden? Ebenso glücklich ergänzt P. *nul.*] — 195 ist die Stellung von *li* vor der Negation zu beachten. — 197 vgl. Phil. Mousk., der 14163 ff. die Gesandtschaft Hugelins nach Gormonds Lager erzählt. S. ob. S. 510. — 198 *out*, nach R. Perf., ist richtiger als Praes. aufzufassen. — [202 ändere ich jetzt mit F. und P. *fil* in *si st. sil*, da „Hugo kaum seinen Herrn und König mit fil anreden kann" (F.) und da „Ludwig selbst König war und nicht bloss Sohn eines Königs" (P.); damit ist denn auch 203 mit P. *a! gentil rei* st. *a* [R. de] *gentil rei* zu schreiben.] — 204 *ave(e)z veu de Antecrist*; ich lese *cel* [F. *cest*] statt *de*; oder *de[u] Antecrist*? [Tobler in Ztschr. f. rom. Phil. I. S. 10 möchte *avez vëu del antecrist* lesen; „es scheint zuweilen, als ob bei Ausdrücken, die zum Sehen oder zum Hören auffordern, was auch in der Form der Frage geschehen kann, der Accusativ dessen, worauf der Sinn zu richten ist, durch de mit dem Casus obliquus ersetzt sei."] — *Antecris* finde ich noch Adenes li Roi, Les Enfances Ogier 1129 *ce sont gent Antecri que li dyable nous ont ramene ci*, sowie Auberi 10, 21 *c'est ci uns antecris* und 16, 25 *ce est uns antecris*. — 211 belasse ich den Hiatus nach *deie* [ebenso P.; F. will *il* nach *que ke* einschieben; *il* bei dem unpersönlichen Verb erscheint mir überflüssig] s. oben S. 527. Ein ähnlicher Ausdruck Benoit Chron. II. 401 *que que me seit a avenir*. — 213 *avoi* ist Interjection (= eh! quoi! R.). Es hat offenbar Nichts zu thun mit *aoi* am Schlusse der Tiraden des Rol., wie Wolf Lais S. 189 Anm. 22 für unsere Stelle annimmt. Die richtige Etymologie s. Diez, Gr. II.[3] 491, wo es als *ha voi = ei sieh!* span. *afe = a-ve*, lat. *a-vide* erklärt wird. Vgl. Burgny, Gr. II.[3] 397, der Beispiele und Deutungen für diese Interjection aufführt. *Avoi* s. Durmars li gal. 2487. 3012. 11431, Horn 876. 1857. 1865, Benoit Chr. III. p. 336. Rich. li biaus 4042, wo Förster „*auois*" *escrie* schreibt und dieses als seltene Schreibung für *auoi* erklärt, würde ich *avoi s'escrie* lesen; G. Paris, Romania IV. p. 480 will *a vois escrie* schreiben. — [Nach 217 nimmt F. eine Lücke an.] — 218 Wenn man den Obl. *ancestre* nicht als Licenz im Reime zulassen will, muss man *fut* ergänzen und beidemale *mis* schreiben; Seite 521 Z. 2, 541 Z. 32, 542 Z. 8, sowie 544 Z. 21 f., 548 Z. 2 v. u. bitte ich in diesem Sinne zu ändern. — 219 Über *geste* s. Hoffmann zu Jourdains de Blaivies Vers 9. — 220 *par me[i]smes* = ebendesshalb [F. = aus demselben Grunde]. — 221 *Deus la grand paterne*; s. Diez, Altr. Sprd. S. 62 zu Boethius 151 und Gr. III.[3] 449. Vgl. *la voire paterne* RdR. Tir. 243 und *voire paterne* ib. 277. — 222 geändert nach 209 u. 228. — 223 *jeo* aus 210 eingesetzt. — [225 bessere ich nach S.'s Vorschlag.] — 227 *l'espie* st. *l'aspee*, denn 233 heisst es: *sa hanste brise par asteles* und erst 234 zieht Hugo *l'espee*. — Zu *depart la presse* vgl. Benoit Chr. I. 5419 *depart la presse deu tornei*. — 228 ist von R. falsch verstanden; er erklärt *il ne vait gens cumme terrestre* als *comme gent terrestre*. Eine derartige Stellung ist aber unmöglich; *gens*, schr. *giens*, ist vielmehr Negationscomplement. Vgl. Diez, Altr. Sprd. S. 53 zu Boethius 48, Wb. II.[3]c p. 318 s. v. *gens*, G. Paris „*Gens, giens*" in den Mém. d. l. Soc. d. ling. I. p. 489 ss. Bekannt waren bisher (s. G. Paris a. a. O.) folgende Beispiele aus dem Altfr. für den Gebrauch von *gens, giens*, zur Verstärkung der Negation: Alexis 19 ab: *Tot son aveir qu'od sei en out portet, tot le depart que giens ne l'en remest*. ib. 54 c: *Ne s'en corocet giens* (von Diez aus *gieus* verbessert) *cil saintismes hom*; Gorm. 228; Charlemagne 617: *Par deu, ço dist l'escolte, cist gab valt trois des altres : vers mon seignor lo rei n'i ad gens* (Michel, Gloss., setzt ein Fragezeichen dazu) *de huntage*; Liv. des Rois p. 265 (III. 8): *N'est giens a dire de tuz les biens dunt il parlad a sun serf Moysen*; ib. p. 310 (III. 17): *Puis avint que la riviere sechad, car giens de pluie ne vint en terre*; ib. IV. 3: *Mis sires ne volt giens prendre de Naaman*; Vie de St. Thomas de Cant. (ed. Becker) p. 29 (Vers 1878 bei Hippeau): *Mut l'aveit escrie et nel dist gens* (Hippeau hat noch *gieus*) *en bas*. Hierzu füge ich noch Rom. de Horn et Rimenhild 1226 var. 7: *ke sanz nus ne li iert li vins giens* (von Michel mit *nullement* übersetzt) *aporte*; Gottfr. v. Monm. her. v. Hofmann u. Vollmoeller 518 *n'en puent giens suffrir lo fais* und ib. 2906 *mais giens ne di cho nequedent*. — Wie G. Paris a. a. O. nachgewiesen, ist *gĕnus* als Etymon anzusetzen; gegen die Ableitung von *gentium* möchte ich — auf die Unmöglichkeit der Diphthongirung des *e* vor *nt* hat Paris schon aufmerksam gemacht — noch anführen, dass lautlich nur *gence*, nie aber das einsilbige *gens*, daraus entstehen konnte. — 230—235 wie 49—54. — 233 *asteles*, schr. auch 52 *asteles* st. *esteles*. S. Diez, Wb. I.⁸ s. v. *ascla*. Vgl. *asteles* Auberi p. 140, Raoul de Cambr. p. 70, Chev. au cygne p. 202. 227. — 236 f. s. 98 f. — 239 f. vgl. 57 f. — [241 *meiseler* = maltraiter R., oder genauer nach Paris (Alexis 86c): „frapper sur la joue", „souffleter", von lat. *maxillare*, nicht „égorger, tuer" von lat. *macellare*, wie S. annimmt.] — 243 ff. s. Anm. zu 197. — R.'s Text, sowie seine Erklärung ist unverständlich. [S. weist hierauf ausführlich hin.] Die hier von Huelin an Gormond gerichteten Worte sind mit der Erwiderung desselben 257 ff. zusammenzuhalten. Ich kann mich im Allgemeinen S.'s Auslegung anschliessen. *Mis* aber 245 in *mist* mit S. zu verwandeln, halte ich für unnötig, nur muss man dann vorher 241 *c'est* st. *cest* lesen; letzteres müsste ja auch sonst in *cist* geändert werden. *Poün* = *paon*; *la squiele* (nicht squïele wie S. hat, vgl. F.) oder nach S. *la 'squiele* oder *l'asquiele* für *l'esquiele* = *écuelle*, lat. *scutella*. 246 *n'en mustes la maissele* = *vous n'en mûtes la mâchoire* und 260 *n'en mui le gernun* = *je n'en mus la barbe* oder *la moustache*; beides 246 u. 260 ist zu verstehen *ne pas manger*. Ich übersetze die Verse wie folgt: „Es ist Huelin, der euch hart zusetzt, der neulich in eurem Lager war, die Botschaft Ludwigs auszurichten, und ich diente euch wie eine Magd, den Pfau legte ich auf den Teller, nie rührtet ihr ihn an." „Ach", sagte G., „so gehts im Kriege, den Lohn muss ich euch dafür geben; ehe ihr irgendwohin auf der Erde geht, soll es euch, denk' ich, schlecht ergehen." Ganz befriedigt die Stelle auch in S.'s Deutung noch nicht. — Diez, Wb. I.⁸ s. v. *potare* nimmt *poün* hier = sp. *podon*, pg. *podão* = Hippe, abgeleitet vom sp. *poda* Beschneidung, occit. *poüdo* Gartenmesser. — 253 *suzcele*, schr. *sussele* = sous-selle. Der eigtl. Sattelsitz ist von dem Körper eingenommen, das Blut fliesst auf die längere Satteldecke, die unter dem Sattel herabhängt. — 256 Ich lese *trop en estes vantes, bricun*; über das häufige Auslassen des Reflexivpronomens in den zusammengesetzten Zeiten s. Tobler, Vrai Aniel ´Anm. zu 166. [S. liest *fol bricun*; *bricun* aber nur = fou, nicht = scélérat, coquin, wie S. angiebt; vgl. Alexis 54a; hierauf weist auch P. in seiner Recension hin.] — 258 Die falsche Lesart R.'s war leicht aus 348 zu ändern und wird durch die Hs. bestätigt. *paveilluns* 544, *paveillun* 535. 553. — [270 ist das Versmass schon im Original richtig.] — 271 *alq[u]eton*; *auqueton* Ch. d. Sax. Tir. 88; *anquetons* RdR. Tir. 412. 426; Chev. au cygne p. 162 v. 4395; *aucoton* Benoit II. 114. 131. 214. 235. — 274 *iscampon* Ms., schr. *ist champyn*; *ist* = lat. *iste* nur noch in den Eiden *d'ist di in avant*; das Fem. *iste* findet sich im Roman de Troie (s. G. Paris, Alexis p. 185) und Horn p. 94 var. 11 *ke vus estes icil ke plus eim d'iste vie*. Masc. *est* im Alexis 73d. — *champon* noch Gorm. 292, *cambon* 546; an allen drei Stellen lese ich *champyn*.

Dieses Wort ist mir noch begegnet: Macaire éd. Mussafia 1864, V. 813 f. *a son segnor elo fo retorne o il estoit en le canpo verse*, und Gir. de Ross. her. Hofmann Tir. 152, V. 1919 (Édit. Michel p. 60 *e venc los sautz menutz pe l plan cambo* (der Londoner Text beginnt erst später; der Oxf. Text bei Mahn, Ged. d. Tr. II. p. 89 hat *e vint les saus menus per plan cambon*), auch Tir. 51 V. 173 Ausg. Hofmann (p. 6 bei Michel) *qu'anc non vistes aitans en un cambo*. — 275—278 vgl. 288—291. — 275 *rei barun*: weshalb Bartsch (Germania II. p. 463 zu V. 37 des Alex.-Fragments von Alberic de Besançon) die Zusammenstellung *rey baron* als „etwas sehr Auffallendes" bezeichnet, ist nicht einzusehen. (Er schlägt dort statt dessen *ric barou* vor.) Im Gorm. findet sich *rei baron* 275. 288. 540 und ähnliche Zusammenstellungen wie *rei amiré* 530 und *rei emperere* 470. 480. — 277 s. ob. S. 540. — 285 *gascun* s. R. Anm. *Gascun* z. B. Ch. d. Sax. Tir. 66, *le bon destrier gascon* ib. 106. — 287 kann als Acc. absol. genommen werden. [Ebenso P.] — 294 s. Anm. zu 545. — 296 ist mir nicht klar; soll es heissen *qu'il prist el tort le fer Gormund* st. *el tort qu'il prist le fer Gormund* in der Bedeutung von „dass er den stolzen Gormond im Unrecht, d. h. im Unterliegen erachtet", *prist = pretiet?* — 302 *le reneie*; als Isembart zu Gorm. kam, musste er zum Heidenthume übergehen; s. oben S. 510. — 303 *cur[r]e estra[i]er*; s. über diese Stelle Diez, Wb. I. s. v. *strada*; er übersetzt *estraier* mit „umherirrend", dann „herrenlos". Ich finde es noch Aliscans 2450 *tot le guerpissent et laisent estraier*, 7640 *kel laisse estrahi[e]r*; Chev. au cygne p. 187 v. 5110 *tant cheval veissies de Gascogne et de Frise, fuir tot estraier*; Richars l. biaus 945 *met piet a terre dou destrier, enki le laissa estraiier*. — [307 Da syntactisch der Conjunctiv gefordert wird, setze ich statt *perdist* nicht *perdie*, sondern mit F. u. P. *perdiest* ein und ebenso *venquiest* st. *venquist*, nicht *venquie* 371. Vgl. bsds. Anm. F.'s zu 307.] — 309 *restiu = restant* R.; S. will *od l'arestiu* lesen, in gleicher Bedeutung mit *aresteul* (bei Gachet), nämlich = *le bas de la lance, par laquelle le cavalier le tient en arrêt; acoler* kann nur mit S. = *saisir par le cou* genommen werden; man kann dann wohl auch ein Pferd mit der Lanze *acoler*, was F. bezweifelt. — 318 *en prof*, 229 *prof*. — 324—326 = 414—416. — 329 l. *fiz sa seryr* st. *fiz de sa sor*; freilich begegnet *ser* als Obl. auch sonst. S. Tobler, Germania II. S. 441 zu 41 des Alex. frgm. — 330 *Saint Richier* = Saint Riquier en Ponthieu s. Einl. — 342 *vergie* s. Reiff. Anm. — 343 s. die Lesart des Ms. 342 u. 343; *les quir[i]és*, vgl. *le quirrié* 410; es muss „Lederzeug" bedeuten, S. ebenso = *les garnitures de cuir? Cuirie* mit Ton auf i für *cuiriée* kommt zwar öfters vor, z. B. RdR. Tir. 119, Rich. l. b. 1447, 2585; aber *cuirié* ist nicht nachzuweisen. Es könnte dies eine vom Neutr. sing. gebildete Nebenform für *cuiriée* sein. — 346 *dreiturier* : *droiturier* Raoul d. Cambr. p. 120. 235. 243; Auberi p. 56. — [Vor 357 nimmt S. eine Lücke an, ich finde jedoch, dass sich derselbe gut an 356 anschliesst. Auch P. kann keine Störung des Zusammenhanges entdecken.] — [„Nach 359 muss eine grössere Lücke angesetzt werden. In dem Fehlenden muss mindestens erzählt sein, dass Gorm. noch den Gontier erlegte oder verwundete. Vgl. 548." F.] — [362 *compainnes*, s. F.] — 364 *li peres dou ciel* RdR. Tir. 296. — 366 schiebe ich *pur* ein nach 15. 118. — 369 schr. *ieo* st. *jeo* in Ié-Ass., vgl. Diez, Gr. II.² 106. — [371 bessere ich die Ass. nach P. F. zu 307.] — [377 füge ich mit P. u. F. *de* vor *Deu* ein; ich hatte vorher *fors syl Deu le veir [rei] del ciel* gelesen.] — 380 *eshaucier* Gaimar (Chron. anglonorm. I. p. 52); *essaucier* RdR. Tir. 110. 212. 217, Raoul de Cambr. p. 149. — 392 s. ob. S. 533. — 395 R. *merces* hielt ich für verlesen st. *meites*, schr.

meit[i]es; Hs. hat *mertez*; *r* und *i* konnte leicht verwechselt werden. Vgl. Rich.
li b. 1009 *il li fent en .II. moities*; 1169 *volerent en .II. moities*; 1223 *pourfendu
l'a en .II. moitiez*: 144 *fendu l'a en .II. moitiez* und Gauffrey p. 202 v. 9376 *que
la teste et le test en fent en .II. moities li fent* (citirt von Diez, Wb. I.² s. v. *testa*.
— 401 s. S. 528. — *hauberc doublier* Raoul de Cambr. p. 89. 120; *doblier* Aliscans
2283; s. Reiff. Anm. — [401 ff. erkläre ich mit F.: „Die Wucht des Hiebes war
eine so gewaltige, dass der König beinahe vom Pferde gefallen wäre, als er sich
noch rechtzeitig am Halse desselben festhielt. Viel Mühe kostete es ihm, den
schweren Panzer, den Helm, das breite Eisen des Speeres emporzuheben"; *mut li
costa* 406 ist als Wiederholung derselben Ausdrucksweise 401 anzusehen, woselbst
à sus sachier aus 406 hinzuzudenken ist; wir haben ein Anakoluth vor uns, dessen
grammatische Construction sich erst aus 406 erklärt. — Dass *le fer* 404 nicht in
le fiert mit S. zu verwandeln ist, ersieht man aus obiger Erklärung der ganzen
Stelle bei F. — „Einfacher wäre *costa* 401 in *pesa* zu ändern"; gegen diesen Vorschlag F.'s möchte ich anführen, dass hiermit allein noch nicht geholfen wäre; es
müssten vielmehr die folgenden Substantiva in die Form des Cas. rect. gesetzt
werden; eine Änderung, die bei Annahme des Anakoluthes wegfiele.] — 402 s. Reiff.
Anm. — 403 *quartres*, im Ms. vollständig ausgeschrieben, l. *quartiers*; über die
Bedeutung s. Gautier, Gloss. zu Rol. s. v. *quarters*. — Wie hier wird vom Schilde
un quartier abgeschlagen Rich. l. biaus 2782 u. RdR. Tir. 439, *un grant quartier*
Rich. 1210, sowie vom Helme *pres de demi quartier* Raoul d. Cambr. p. 200 und
le plus maistre quartier Auberi p. 228. — *Escu de quartiers* Rol. 3867, Horn
p. 293 v. 4728; *escu de quartier* Raoul d. Cambr. p. 102. 149. 199. 270; *escu de
quarter* Macaire éd. Mussafia 2669; *riche ermine de paile quartier* Raoul de Cambr.
p. 149. — 408 *estrius*, l. nach P. *estrieus*, ebenso 552 *estrieu* st. *estriu*; S. liest
estriés oder *estriers*, so las auch ich zuerst; diese Form aber ist erst neueren Ur-
sprungs. — Der Sinn muss sein: Er stemmte sich so fest in die Steigbügel, dass
er das Eisen davon biegt, drei Finger verlängerte er das Lederzeug. — 410 *q...rrie*
bei R. habe ich auch ohne Ms., welches *quirrie* hat, richtig ergänzt und *cuirié* gelesen, s. Anm. zu 343. — 410 *deie* ist nicht, wie Andresen (Metr., Assonanz und
Reim 1874 S. 18) annimmt, eine poetische Licenz dem Reime zu Liebe für *deis*.
Von den von ihm S. 10 u. 61 angeführten 13 Beispielen stehen allein 6 nicht im
Reime. Dazu füge ich noch unsere Stelle und Rol. 444[1]), sowie im Reime Roman
des Romans str. 145 (citirt von Roquefort, Gl. s. v. *deie*; das. *à treis deie*) und Berthe
aus grans pies (éd. Scheler) 2856. *Deie* oder *doie* ist Nbf. von *deis*, gebildet von
einem Neutr. Plur., vgl. ital. *dita*. [Ebenso S., s. dessen Note.] — 412 *corueilles*,
mit R. *corailles, courailles, cyrailles* [S. *coureilles* oder *coreilles*] — *sunt rumpie*
unmögliche Form; ich vermuthe *dynt* [S. *s'ent* oder *s'en*]. S. oben S. 511. —
413 vermuthete ich richtig *puis* st. *pleis* [so Hs.]. — 414—416=324—326. — 415 nach
325, und 416 nach 326 zu bessern; an letzterer Stelle nicht *la* mit R. einzusetzen,
wegen der völligen Übereinstimmung mit 326. [Auch Ms. hat *e* 416.] — 418 u.
419 sind wohl als dem Schreiber angehörig zu streichen, da sie ausserhalb der
Assonanz stehen. [S. bezeichnet sie gleichfalls als Interpolation; auch F. neigt zu
dieser Annahme.] — 420 führt Reiffenberg (Mousket II. p. 735) an, es müsse eigtl.
paien st. *paiens* heissen; auf die Vernachlässigung der Flexion hinzuweisen hätte
er schon eher Gelegenheit gehabt. — [422 *le Margari*, s. P.] — 423 fehlte das

---

[1]) B.⁶ führt die handschriftliche Schreibung *deie* wieder ein [ebenso Müller²].

Verbum. — 426 *sort* hier Masc. (Sollte *sorz* Rol. 3665 nicht vielmehr *sordidum* sein neben *falserie*, als *sortes*?) — 427—429 = 638—640. — 428 ist *i* zu streichen nach 639 [offenbar besser als S., der *que g'y serreie* liest oder das erste *u* streicht.] — 435 vgl. 166. — 442 *chinins*, vgl. Rol. *achiminez* 365. 702. Eine gleiche Construction wie 492 ff.; s. Rich. li biaus 2614 f. *weil coyement aler ce ual, s'a lor tentes poons uenir*, wozu Förster bemerkt, man müsse in Gedanken ein „versuchend" ergänzen. — 443 *le Arabi*, der Hiatus ist auffallend, s. ob. S. 528. Wirkt noch die arabische Gutturalis? — 444 *Leutiz*, s. R. Anm. Unter Leutiz sind die Wilzen zu verstehen, welche an den beiden Ufern der unteren Oder wohnten; so zuerst Mone, Untersuchungen zur Gesch. d. teutschen Heldensage p. 250 und unabhängig davon Joseph Haupt, Die dakische Königs- und Tempelburg auf der Columna Trajana S. 130 (s. dazu Romania II. p. 480) und G. Paris, Noms des peuples païens dans le Roland, in Romania II. p. 331. [Vgl. auch Scheler, Note zu Enfances Ogier 760.] — Ausser *leutis* Rol. 3205 und *leutice* ib. 3360 finde ich *Leutiz* Horn 81, *Lutis* ChdSax. Tir. 50. 59, Ogier 760, Ch. de Jerus. in Böhmer, Rom. Stud. I. 396, Lutise Ch. d. Sax. 23. 55, *Lutice* Raoul d. Cambr. p. 218, *Leuticiens* Benoit III. 264. — 446 vgl. Gaimar in Chron. anglonorm. I. p. 20 *or et argent et veir et gris*. — *le ermin* mit aspirirtem h häufig. — 452 habe ich richtig *esragie[r vifs]* ergänzt; so auch schon Ms. — *esragier vis* oder *vifs* häufig, so Benoit II. p. 51, Chron. anglonorm. I. p. 204, Rich. l. biaus 2708; *enragier vis* RdRonc. Tir. 315; Auberi 16, 20; *enragier tous vis* ib. 10, 23. — 463 *mis* von mir hinzugefügt [ebenso S.] Vgl. Capet p. 19 *puis s'est au quemin mis*, Rich. l. biaus 4002 *a lor voye mis se ressont*; Benoit, Chr. II. p. 329 *se vout mettre a la veie*, und ib. II. p. 195 *r'a mis a la veie*. — [460. 459 ist die Interpunktion bei S. mit F. zu ändern.] — [464 ist der Beginn einer neuen Tirade von S. nicht angemerkt, ebenso 609.] — 465 *gule baee* ein sehr oft vorkommender Accus. absol., s. Horn 1622 u. 4712, *gole baee* Ch. d. Sax. Tir. 151, *goule baee* Chev. au cygne p. 41, Gaimar (Chroniques anglonorm. I. p. 8), *geulle baee* Capet p. 167. — 466 *estree*, ital. *strada*, sp. port. *estrada* von lat. *strata* (sc. *via*); s. Diez, Wb. I.^{8} s. v. *strada*. — 469. 529. 539 *regreter* s. Paris, Alexis p. 181 note 26 e. Böhmer, Stud. I. 599 [3, 356 f.]. — 471 *plusures fiez*, lies *plusurs fi-e-es*. Eigenthümlich ist, dass *fiee*, lat. *viata (s. Diez, Wb. I.^{8} s. v. *via*), hier in *ée*-Ass. stände; regelrecht könnte es nur in *ié-e*-Ass. vorkommen oder verkürzt in *ie*. *Fiée* Horn p. 209 var. 3 zu 4140, *fiees* Benoit II. p. 211, III. p. 303; *feiee* ib. II. p. 2. 44. 102. 135. 226. 276, III. p. 271. 295; *foies* RdRonc. Tir. 193; *foie* Ch. d. Sax. 7; *fie* Durmars 882 (s. d. Anm. dazu). Vgl. Mätzner, Altfrz. Lieder Gl. s. v. *fie* und *foie*. — 472 Über *Cirencestre* s. ob. S. 509. — 473 *aduree* adjectivisch gebrauchtes Partizip, von lat. *addurata* = gehärtet, dann geradezu = tapfer, wie hier *gent aduree*. Gautier, Gloss. zu Rol. übersetzt es in *la bataille est aduree* mit *terrible*, Michel RdRonc. Tir. 84 mit *acharnie*; deutsch passte am besten „hitzig, hartnäckig", nur darf man dabei nicht an eine Ableitung von lat. urere denken. — 474 *galee* nach San Marte (Zur Waffenkunde S. 292) „die grösseren, mit zwei bis vier Ruderbänken versehenen Schiffe, welche lang und schmal gebaut u. an der Spitze mit einem Schnabel oder Sporn (galea) zum Durchbohren der feindlichen Schiffe bewehrt wurden." Vgl. Rol. 2728 ff. *en Sebre avum quatre milie calanz eschiez e barges e galees curanz, drodmunz i ad ne vos sai dire quanz*; daneben *galies* eb. 2624 ff. *ses granz drodmunz en ad fait aprester eschiez e barges e galies e nefs*; *galie* (Var. *navie*) auch Ch. d. Sax. Tir. 102. Vgl. Studien I. S. 605. — 479 *conquester* Rich. l. biaus 5027.

— 485 [stellt S. in gleicher Weise um] s. Anm. zu 1). — *Aquiter* = befreien auch Rol. 869. Vgl. Rol. 2928: *E! France [dulce], cum remeins [oi] desertel* und R. d. Ronc. Tir. 260 *Hé, douce France, cum or iestez deserte*. — 486 s. Anm. zu 70. (Allerdings Auberi 7, 6 *uos le comparres chier*). — 492 ff. vgl. 442 ff. — Die Lücke 494 ergänze ich nach 445 etwa: *qui vus duna les granz cuntrees*. [Nach S. soll der Vers ausgedrückt haben: „*Et nous lui paierons ainsi.*"] — 495 *soudees*, lat. *solidata = Sold, Lohn; *soldee* (Sing.) Horn 5225; *soldees* ib. 2209; *soudees* ib. 3469 var. 12 für *soudez*; *sodees* Rich. li biaus 4658. — 497 *ens* bei Reiff. verlesen st. *eus*, vgl. 598. [Ms. hat *eus*, S. will *il* lesen; mir scheint die absolute Form hier durchaus am Platze.] — [501 ist „grammatisch Nebensatz zu 500, eine echt epische Construction, aus dem Lat. wohl bekannt. Dem Sinne nach ist das Verhältniss der Sätze das entgegengesetzte." F.] — 502 *tant* = mancher, wie sehr oft. (Auch im Alexanderfragment 14 ist es so zu nehmen, und nicht = so gross, wie Rochat in der Germania I. 274, gegen dessen Erklärung sich schon Bartsch eb. I. 463 ausgesprochen hat.) — [*vseïsiez* bei S. halte ich für Druckfehler statt *veïsriez*; ebenso F.] — 503 *enquarterer* ist mir noch nicht begegnet, wohl aber *esquarterer* Benoit II. p. 119 u. 212, von *quartier*; häufiger *esquarteler* RdR. Tir. 167. 194. 209. 352, Chev. au cygne p. 52; *escarteler* Chev. au lyon 860. — 510 ist *faillir* zu lassen, nicht mit R. in *faillis* zu bessern; der negative Imperativ wird oft durch den Infinitiv ausgedrückt. Vgl. Diez, Gr. III.³ S. 212. — 512 schreibe ich *cum[e]*; [S. *selon l'usage et le mètre duerra*; *durra* ist nicht falsch, wie S. annimmt; F. schlägt statt S. dieselbe Besserung wie ich vor.] — 517 bessere ich nach 521 *mil* in *milliers*; [*mile* mit P. S. zu lesen scheint mir weniger gut, besonders da für meine Änderung ein analoger Fall im Denkmal selbst vorkommt und *q. milie d'armez* bedenklich ist.] — 520 *jostez* dem Reime zu Liebe statt *justees*. — 524 *ne*, weil der Satz negativen Sinn hat. — 527 *iert* in e-Ass., schr. (i)*ert*; *erat* musste regelrecht *eret* geben; Böhmer hat daher Rol. 726. 880. 1214 *eret* geschrieben; *ert* kommt aber sonst in e-Ass. vor, z. B. R. d. Ronc. Tir. 117. Ich habe deshalb hier 115 *ert* ergänzt. — 528 *ruer* = lat. rotare, wohl gebraucht wie sonst *tresturner*. Vgl. Tristan II. p. 49: *Tristran li Naim fut mort ruez*; Horn 4614 *ja n'en sauru[n]t mot, si erent morz ruez*, Benoit III. 339 note: *li reis feri, mort le rua*, ib. I. 472 note: *et les cors fait·trestos ens el Rosne ruer*. — 529 s. zu 469. — 530 *amère* R., l. *amiré* [so schon Ms.]. *Amiré* RdRonc. Tir. 310; *amirés* Aliscans 4386; *amiret* Raoul d. Cambr. p. 299; *amirez* RdRonc. Tir. 167, Horn v. 608 u. 3277 var. 16. — 531 u. 540 l. *mar[e]* [ebenso P., nicht *mar i*, wie S.] — 533 s. ob. S. 542. — 534 ff. vgl. 543 ff. — 536 Lücke aus 545 auszufüllen? — [539 s. Anm. 564.] — 540 s. zu 531. — 545 l. *r[e]ynd*. 294 *rynd* lässt sich auch, wenn man *syn* in *l'* änderte, *r[e]ynd* einsetzen. Besser wäre vielleicht *sil fiert syr syn escu r[e]ynd*. [Auch S. erklärt sich für letztere Besserung.] — Reiff.: „*Ce vers rappelle une coutume des Spartiates.*" — 546 *chambon* s. Anm. zu 274. — [548 „Ist der Eigenname Geudon nicht einfach geldon = der Krieger" F.; Burguy, Gl. übersetzt *geldon* mit *compagnon*, *porte-lance*, was hier auf den *esquier Guntier* wohl passte.] — 556 *en l'estyr*, s. ob. S. 532. Vgl. 380 *en l'onyr* und R. d. Ronc. Tir. 164 *en l'erbier*, Rich. l. biaus 2712 *en l'escu*. — 560 schiebe ich *i* ein [S. */lur]* oder *sur[e]vint*]. *Survenir* = plötzlich dazu kommen Durmars 4208. 794. — 560 *Bernard*, s. Reiff. zu 554 und über die Regegnung eines Vaters mit seinem Sohne im Kampfe desselben Note zu 556. — 563. 565 *estrya*; Rol. 2157 *l'escut Rollant unt frait e estroet*; Horn p. 56 var. 1 p. 233. 4729. [S. führt aus Cb. d.

Sax. Tir. 281 an.] — 564 [„*le est le pronom régime de feri*, cp. *regreta le 539*" S.] vgl. auch *saissist le* 316. — 568 vgl. 73 [*mès ne l'ateinst m. e. l. c.* S.] — 575 reconµist, reconois[soi]t F., P. — 576 „conuist (pik. st. conust) zweisilbig muss als Contraction aus coneust erklärt werden, da bei Sch.'s conuïst die Zeile eine Silbe zu viel hat." F. Ich lese *sil (le) conµist.* — 578 wird ein Vers wie: *Eis vµs pµignant maistre Isembard* gestanden haben. — 580 f. vgl. 45. 616. — 586 unklar [„lässt sich so nicht erklären, es muss etwas ausgefallen sein." F.; ich ändere jetzt mit S. P. *penciez* (R. hat *pénéiz*) in *reneies*; das Komma bei S. nach diesem Worte wäre aber zu streichen und an den Schluss des Verses zu setzen. P. erklärt den Vers: „*Mauvais converti pour* (= *prêt à) vous repentir* (= *à redevenir chrétien*."] — 593 con *questisz* Ms. — = *culvert* R. — „*conquestis* représente la forme rég. plur. soit *de conquesticius ou de conquestivus* (adj. barbare fait de *conquestum*, supin *de conqueri*, *se plaindre*; cp. *plaintif de planctum*). Le masculin pluriel à la suite de *gens* est régulier, bien que ce dernier soit précédé d'un adjectif singulier féminin." S. — „con *questisz* (Ms.) ist durch Sch.'s *conquestis* nichts weniger als gebessert." F. — „*conquestis n'a aucun rapport avec le latin conqueri; il se rapporte à conqueste* et signifie „*facilement conquis*." P. — 594 f. Vgl. *contre un des nos trouvera des lor quinze* R. d. Ronc. Tir. 186 und *quer contre un de vos hons i a bien tres des lor* Rom. de Rou 1728. — 597 „*viés* = *veux*" R., unmöglich, vielmehr einfach *vies* = *vitas*. Dieser Plural auch R. d. Ronc. Tir. 111 *perderez les vies*; ib. 155 *perdrois les vies*; auch Rol. 1926 begegnet es. — 609 s. Anm. zu 464. — 609—612 das einzige ausgeführte Gleichniss, auffallend, da es eine Tirade füllt. Viell. spätere Zuthat. — 616 siehe Anm. zu 45. — 619 lese ich *t[r]enche desqu(es)*' statt R. [*trenche desqu*' im Ms.] — *bu* in u-Ass. (*bµc* in Rol. Ausg. Böhmer ist verdruckt statt *buc*); *bucs* : *plus* Benoit Chron. I. 160, Rou 80; *bu* : *sentu* Durmars 2640; Gachet 75. — [620 mit S. zu ergänzen: *Eis vµs quatre Franceis venns.*] — 633 *dueret* R. [Ms. lässt nur so lesen] ist nach G. Paris Rôle de l'accent letzte Seite und Alexis p. 30 note 1 [ebenso auch noch in seiner Recension von S.] Plusqpf. Aber wie soll, wenn *habuerat* zu *auret* wird, *debuerat* zu *dueret* werden? Es musste *déuret* oder *devret*, *avret* ergeben. Da auch sonst Buchstabenverstellungen in unserem Ms. vorkommen, so möchte ich glauben, es sei *e* und *u* zu vertauschen und dem *u* der consonantischen Laut zu geben; ich lese daher *devret*. [S. *devrat*, F. „viell. *devreit*."] Syntactisch ist die Vergangenheit hier ebenso am Platze, als ein Futur. — 634 f. = 651 f. — 635 s. die verschiedenen Auffassungen des Verses unter dem Texte. Ich nehme *Deu dame* in gleicher Bedeutung mit *Damedeu*. — [„636 *jal* = ja le (im Prov. häufig) lässt sich auch im Franz. belegen, Gui de Bourg. 58." F.] — 638—640 = 427—429. — 642 streiche ich *enz*, vgl. 189 u. Anm. 189. — *ens en la crois* Berthe aus grans pies 2727. — 645 l. *seint(e) sepulchre* [ebenso F.], da sepulchre Masculin. ist. — [*fustes* in *fus* mit S. zu ändern unnöthig.] — 647 *veireiment* bei R. undenkbare Form; entweder *veirement* oder *vereiement*, hier ersteres. [so schon Ms.] — 649 schr. *mei[e]*, da *mort* weiblich ist und ein Possessivpronomen *mei* nicht existirt. [Statt *pardoins* mit S. *pardoin* zu lesen, da die Flexion s für die Sprache des Dichters unzulässig sei, halte ich für unnütz; *pardoins* ist = lat. Conj. Prs. *perdones*, nicht = Imperat. *perdona*, wie S. annehmen muss.] — 652 s. zu 635. — 660 *cµlpe bati*; vgl. *il bat sa corpe* R. d. Ronc. Tir. 229 u. *claimme sa corpe* ib. 225. 226; *cleimet su culpe* Rol. 2239. 2364.